COMO DIBUJAR

TODO EN 3D

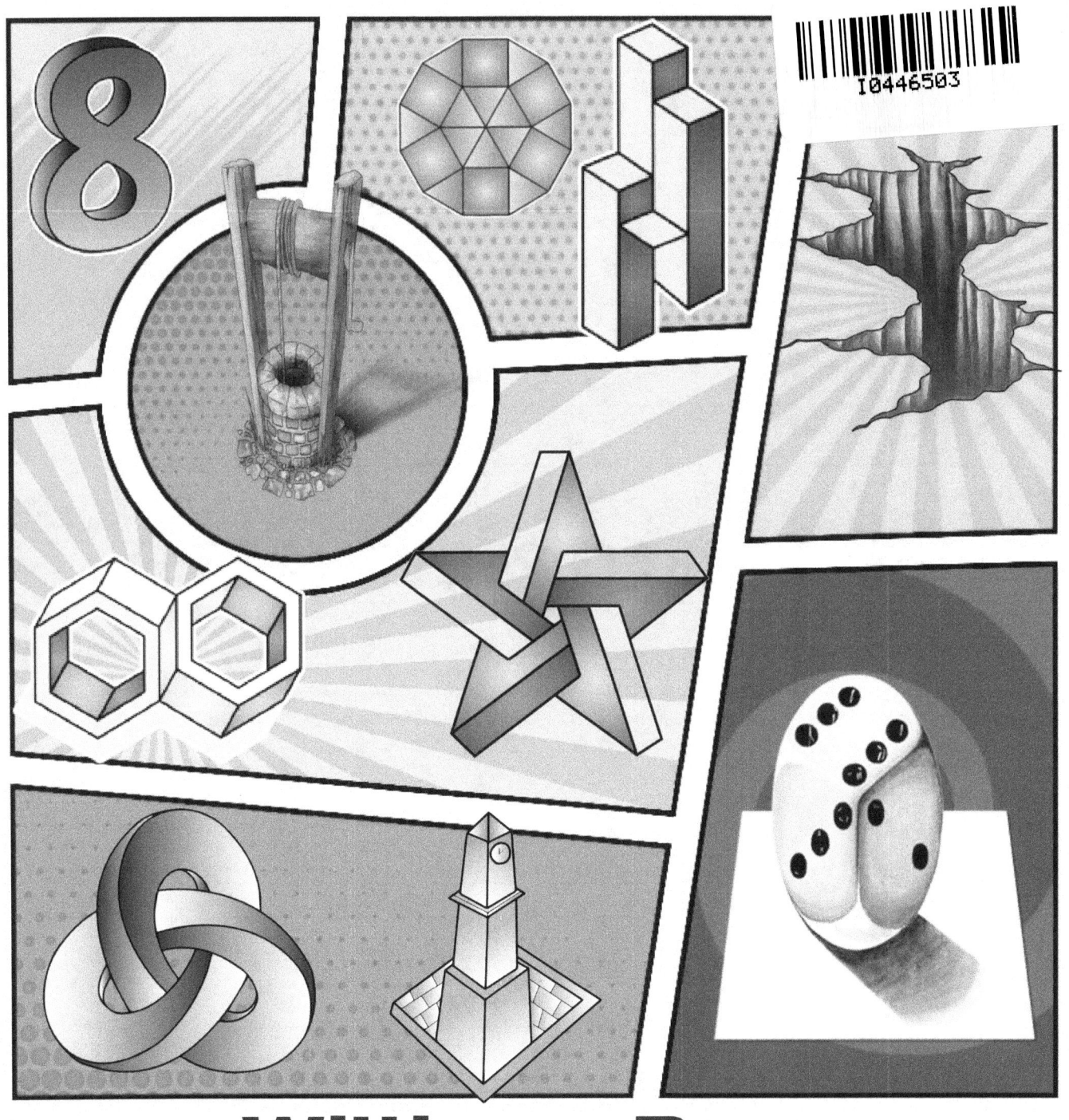

Williams Press

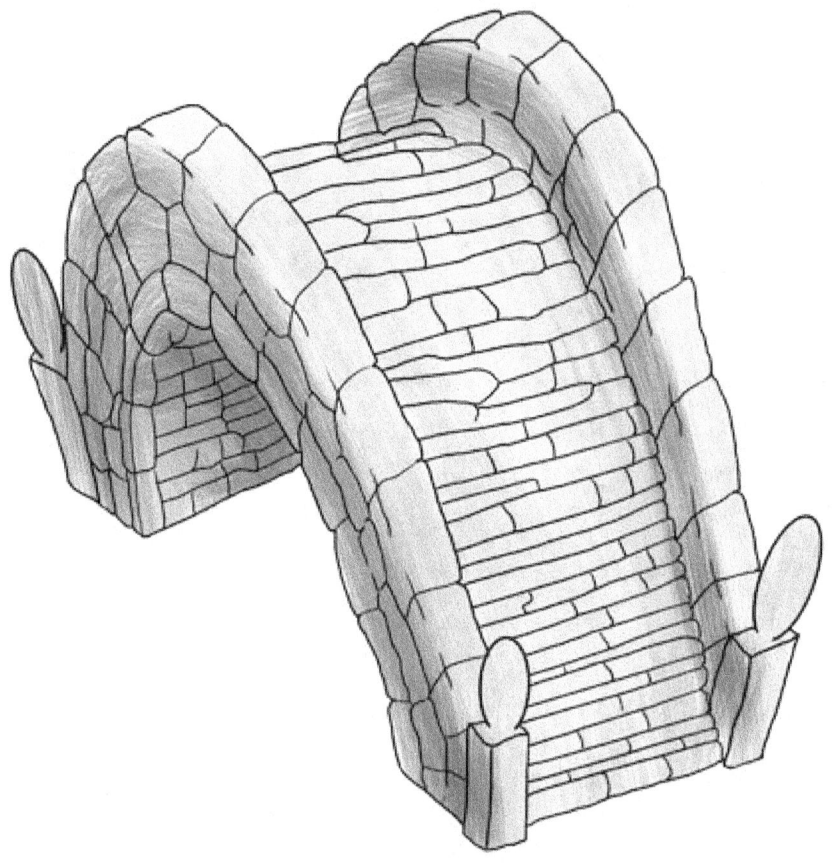

ESTE LIBRO PERTENECE A

....

....

TODO EN 3D

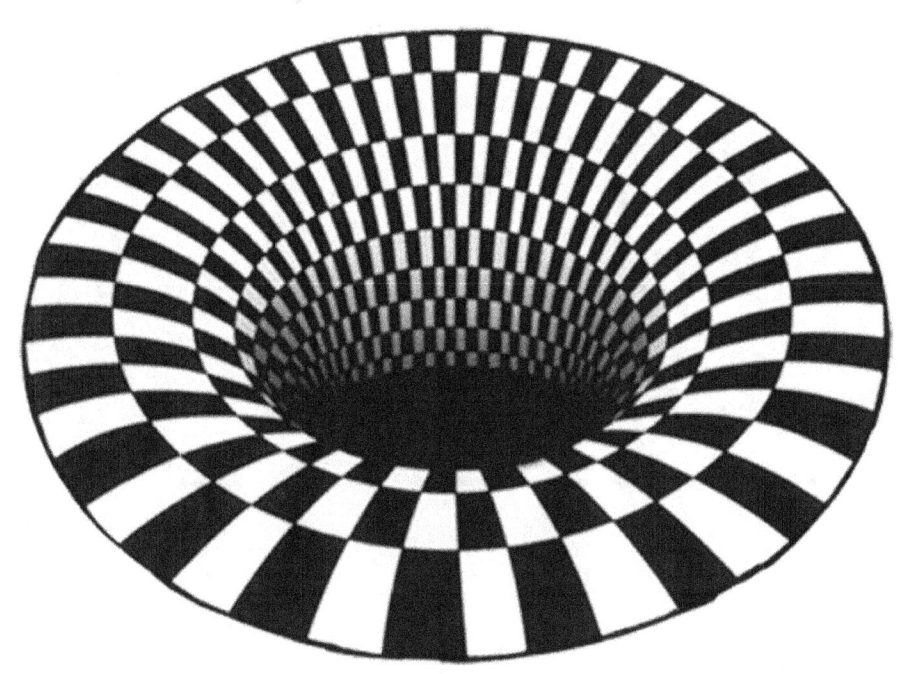

Todo lo que necesitas para empezar es una hoja de papel, un lápiz y una goma de borrar, pero siéntete libre de utilizar cualquier herramienta que quieras para dibujar los personajes.

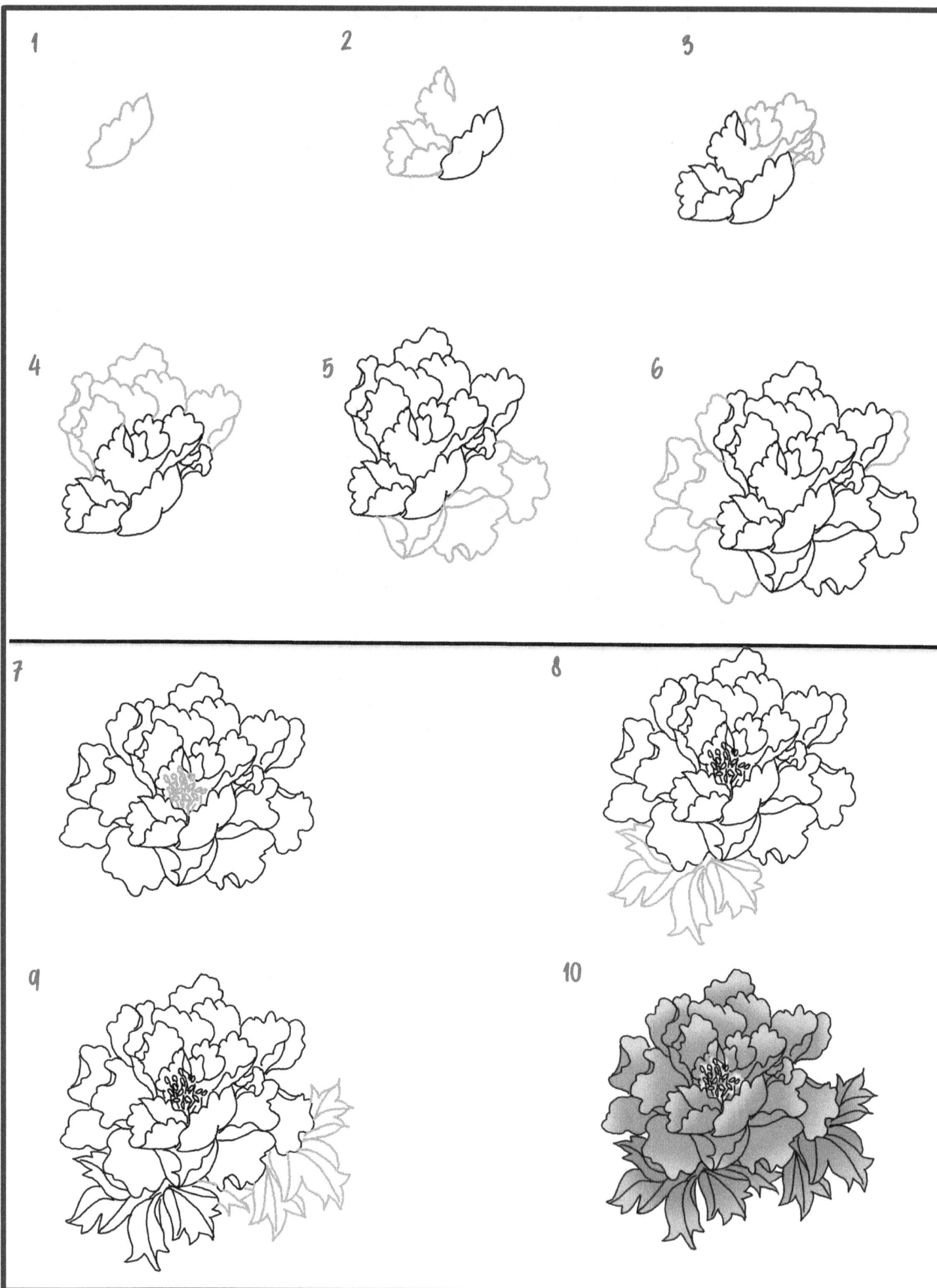

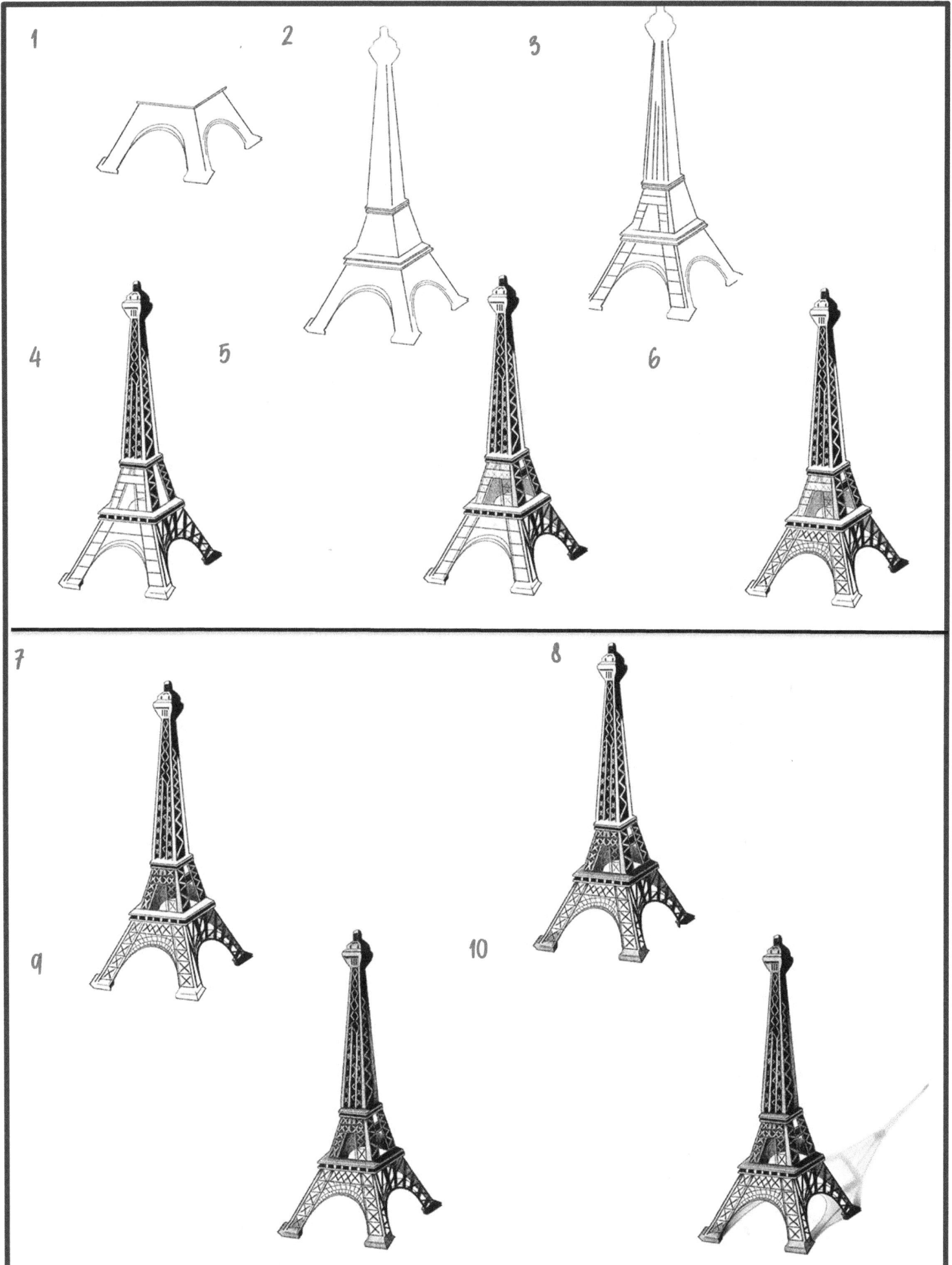

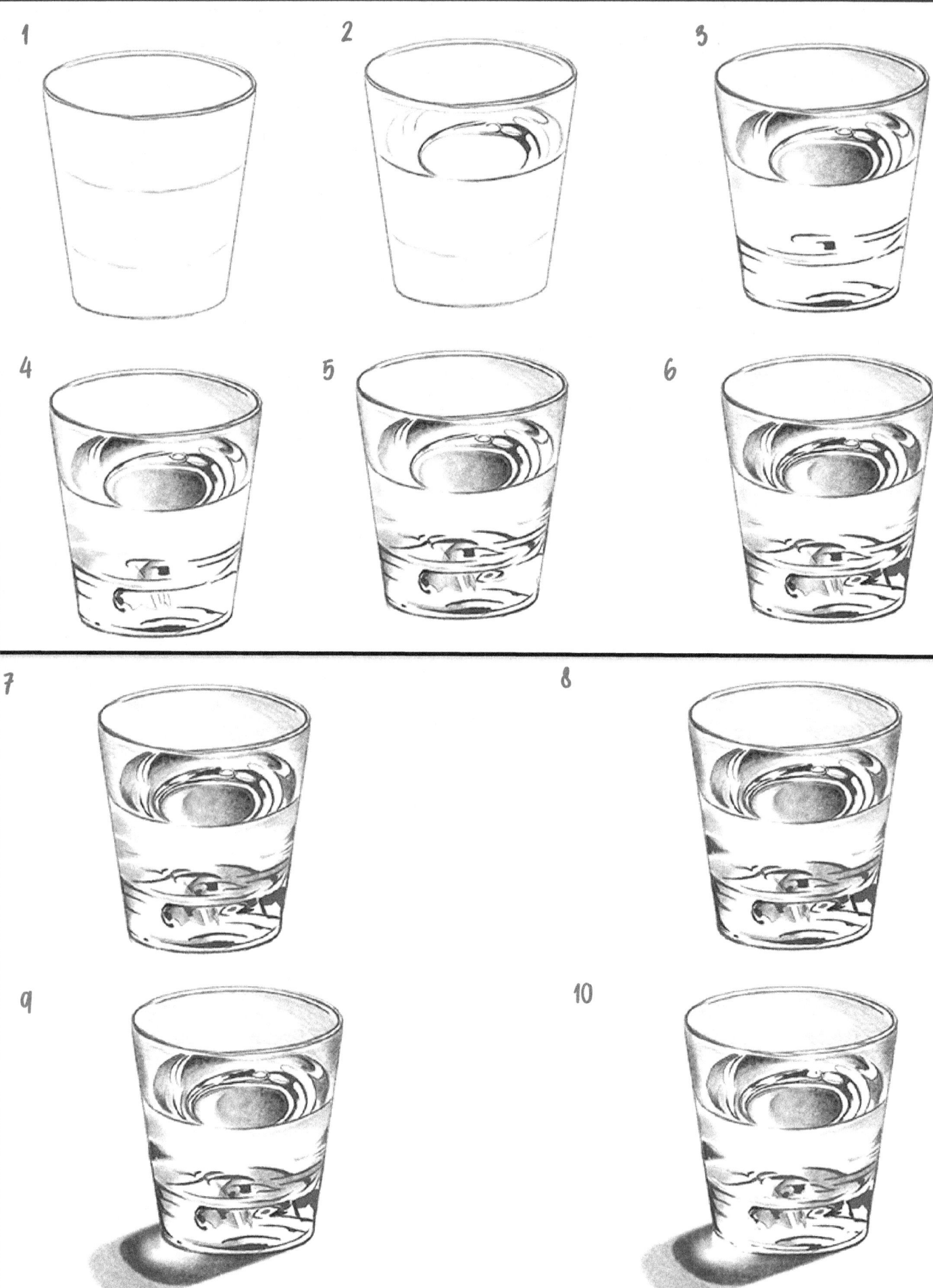

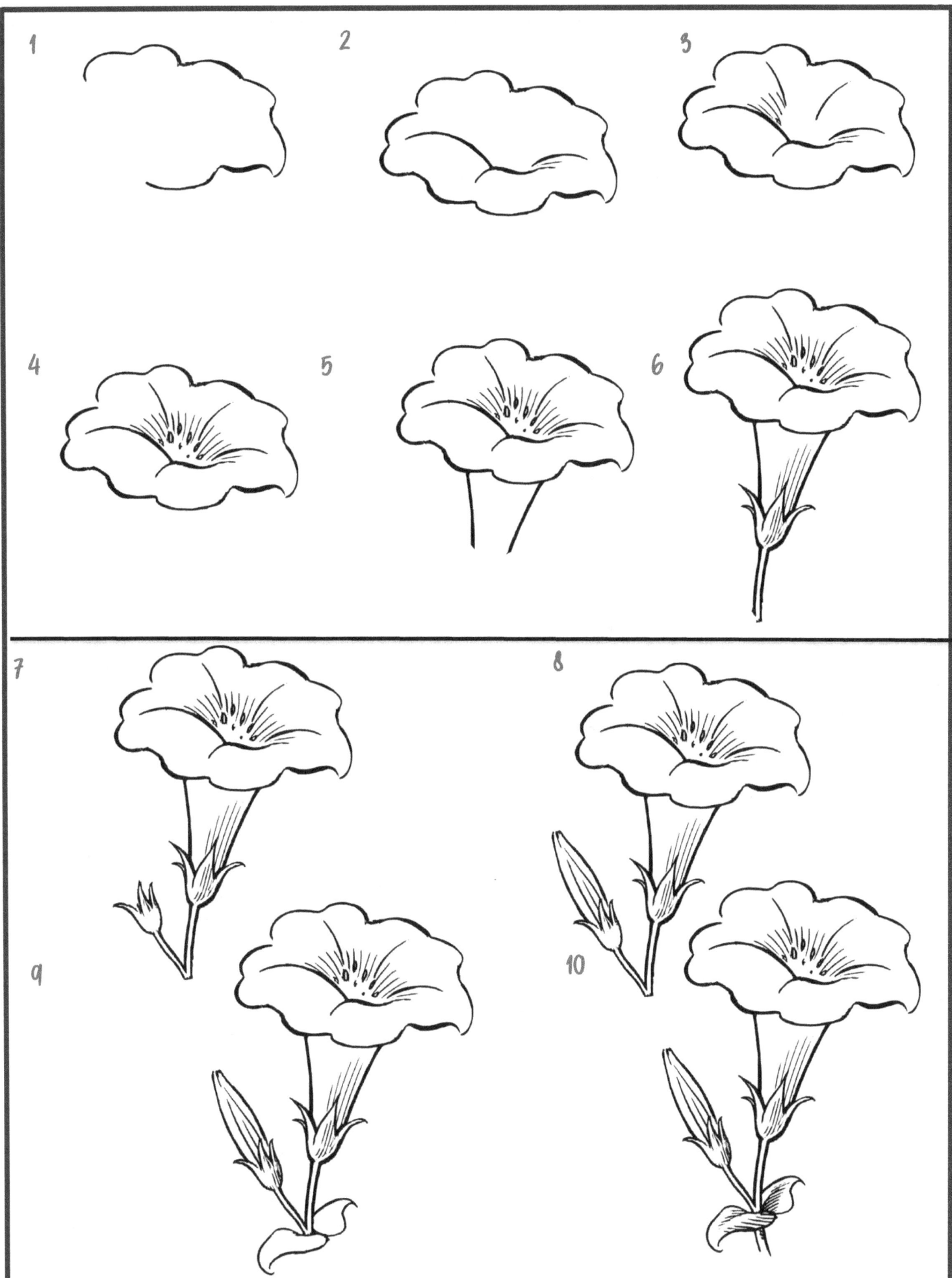

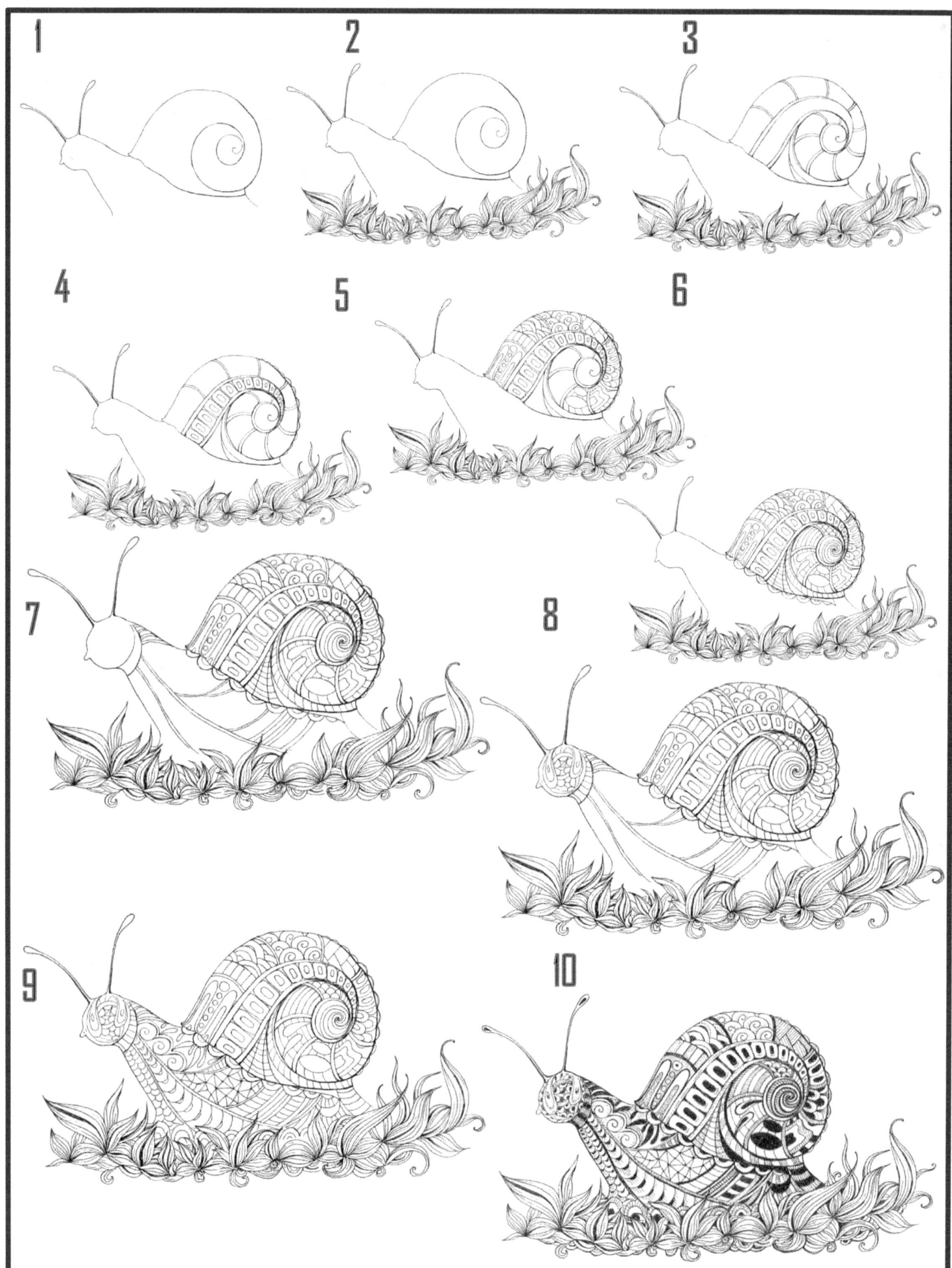

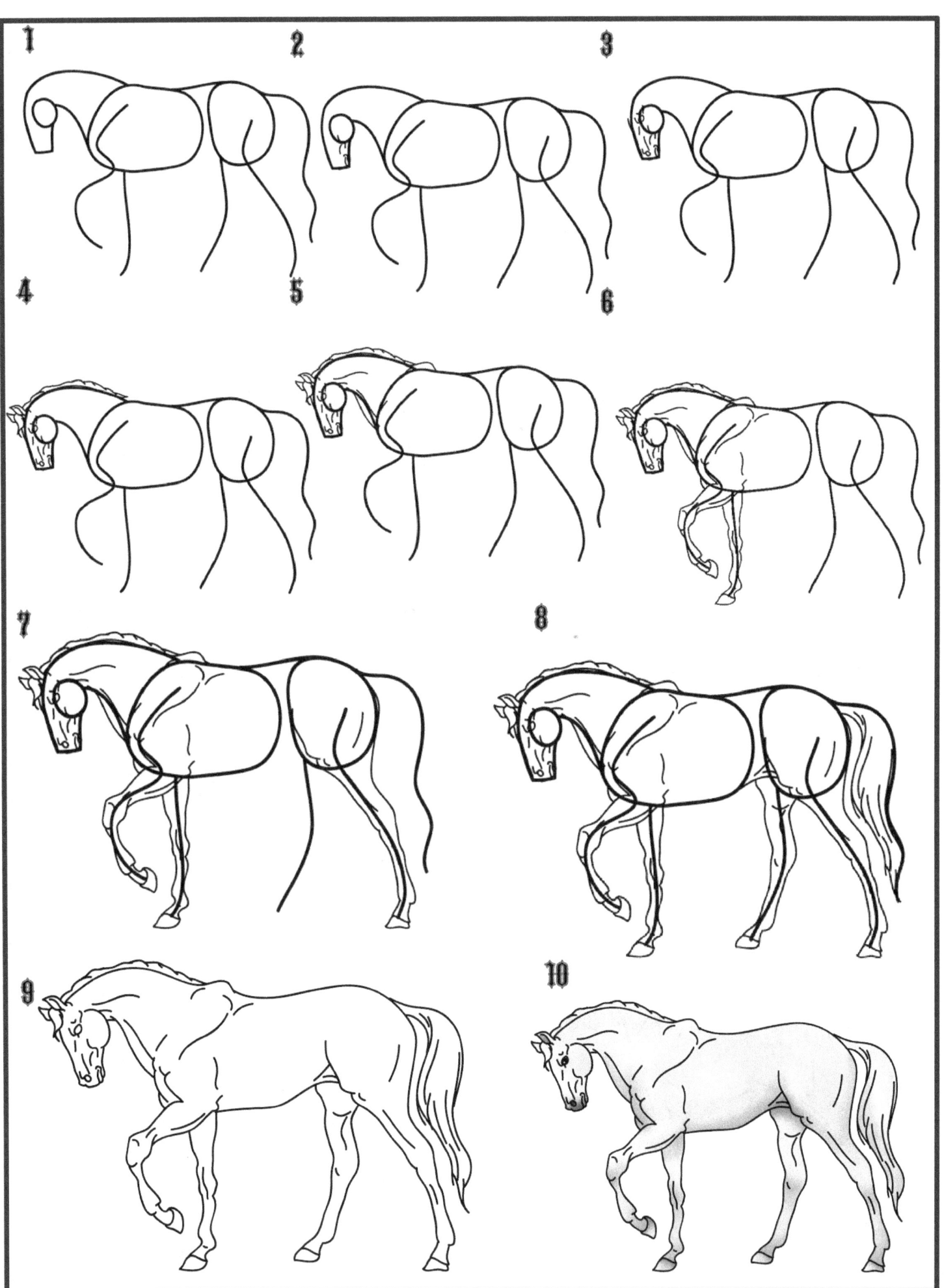

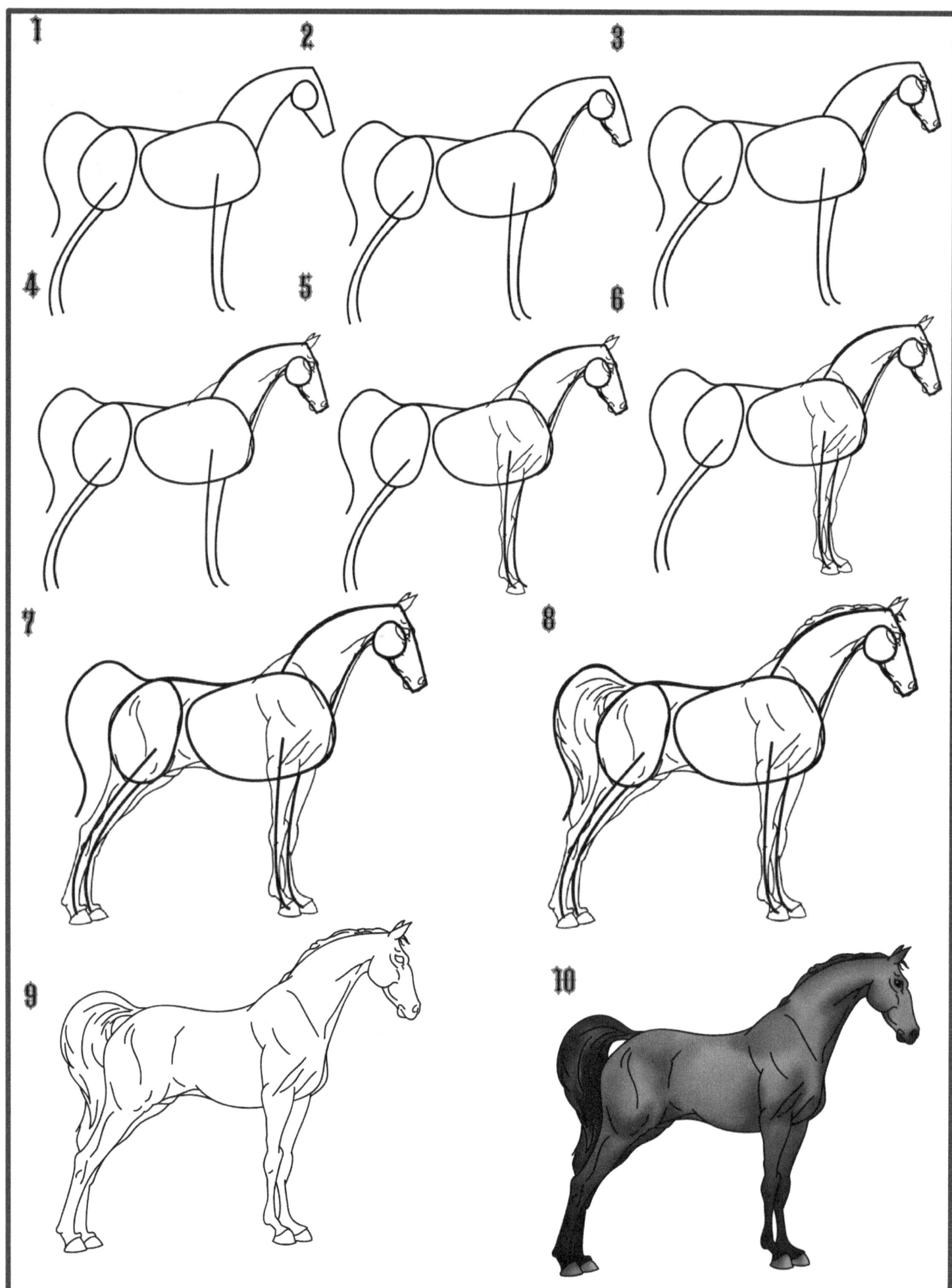

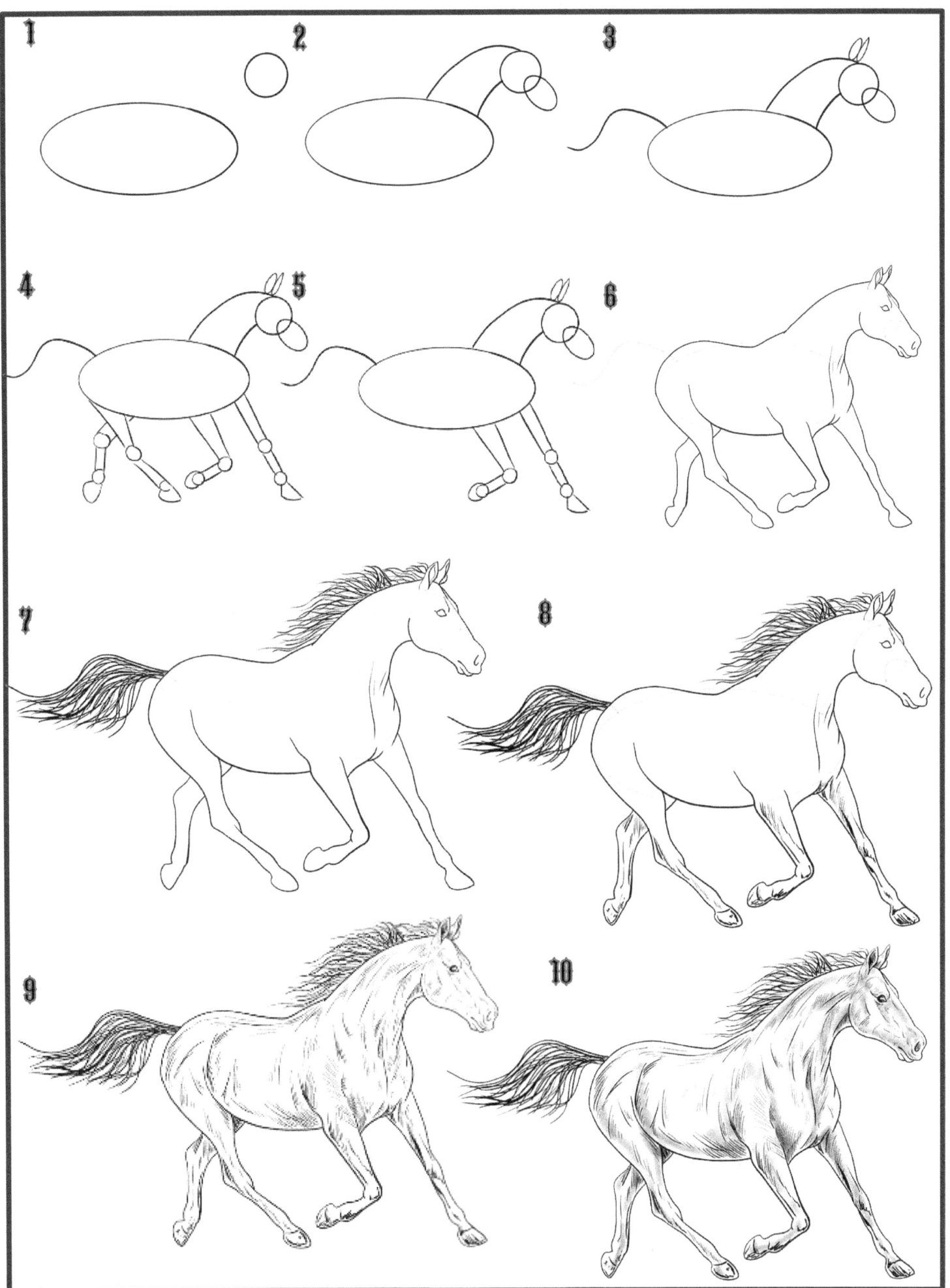

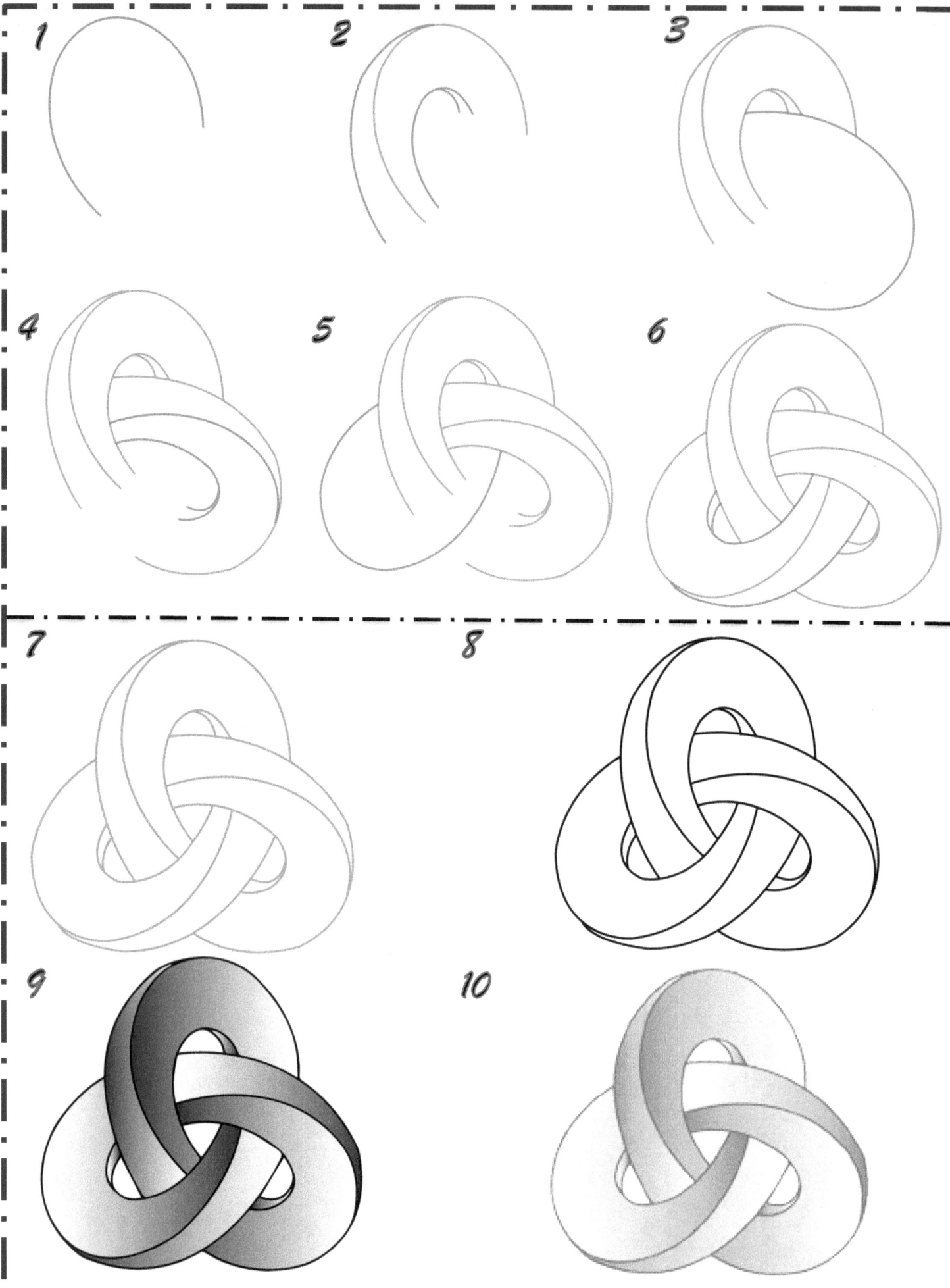

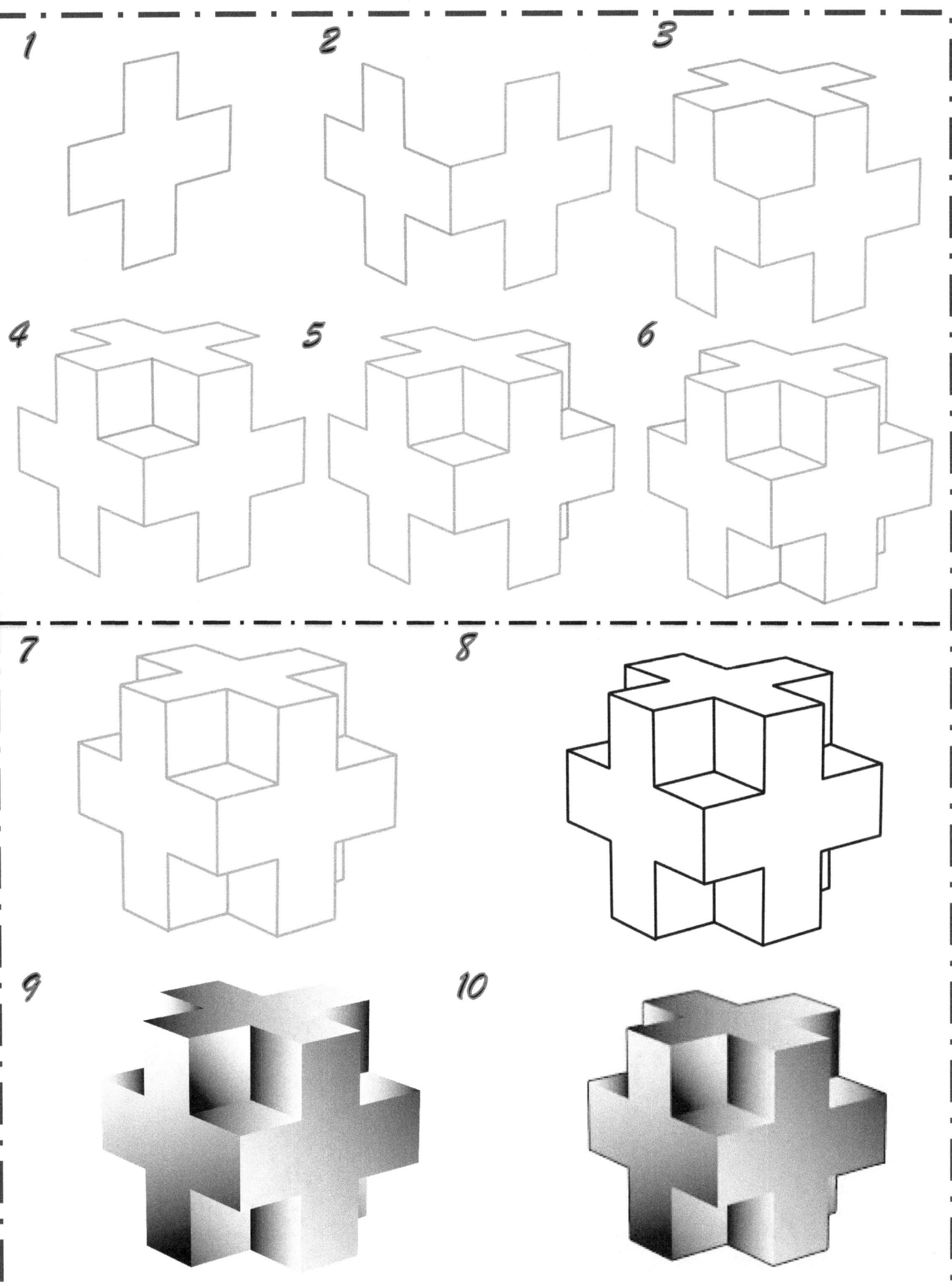

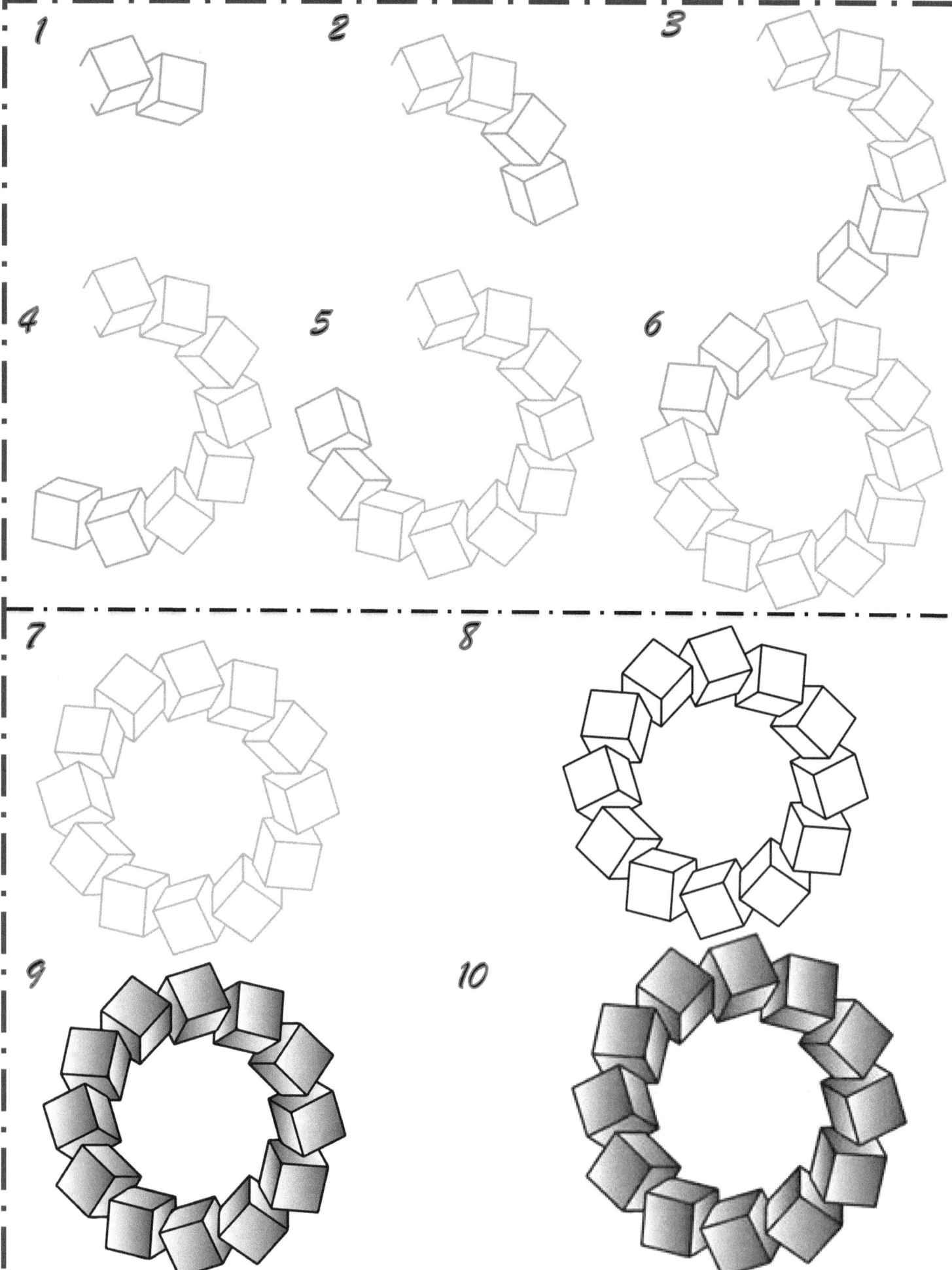

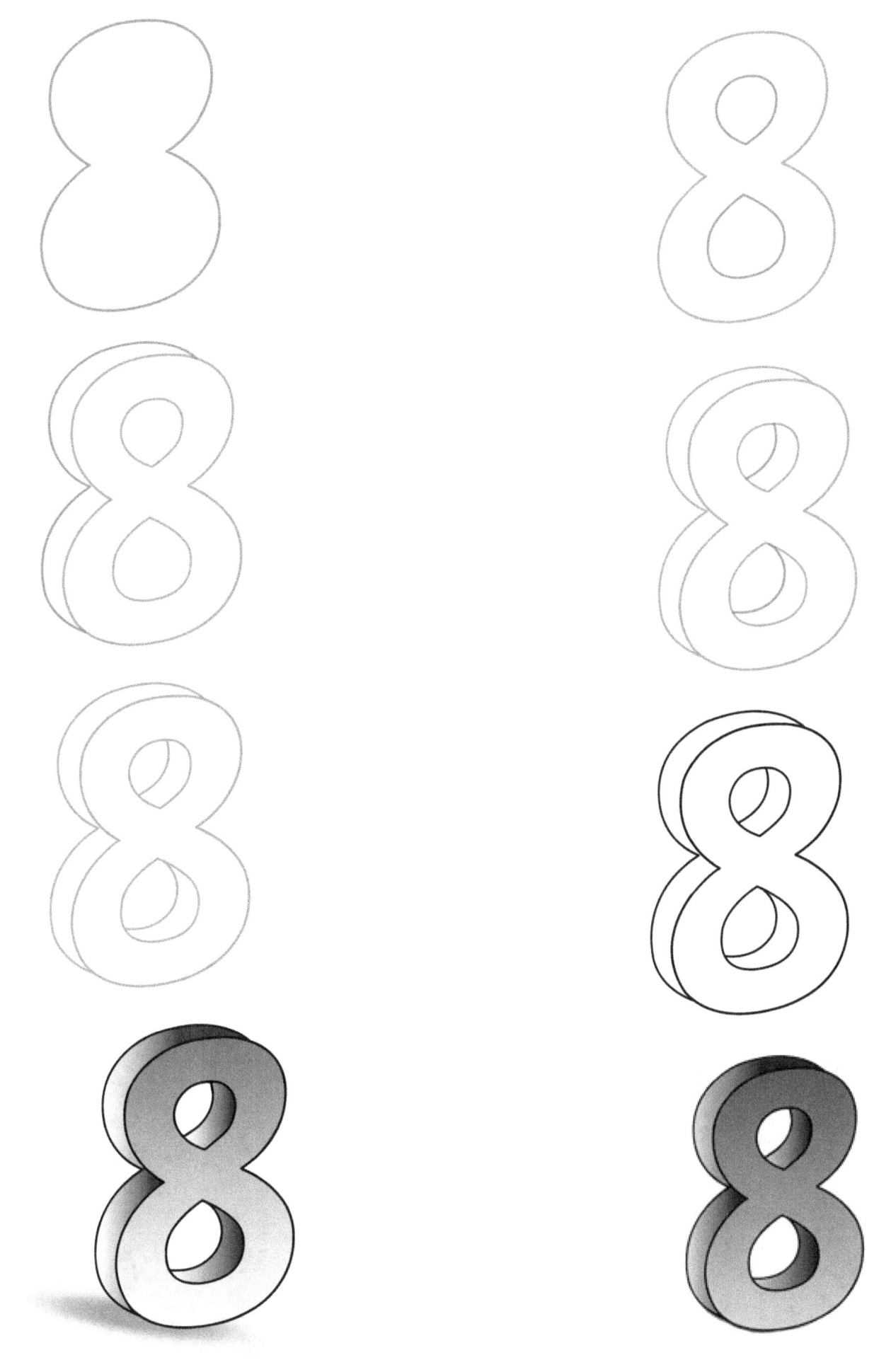

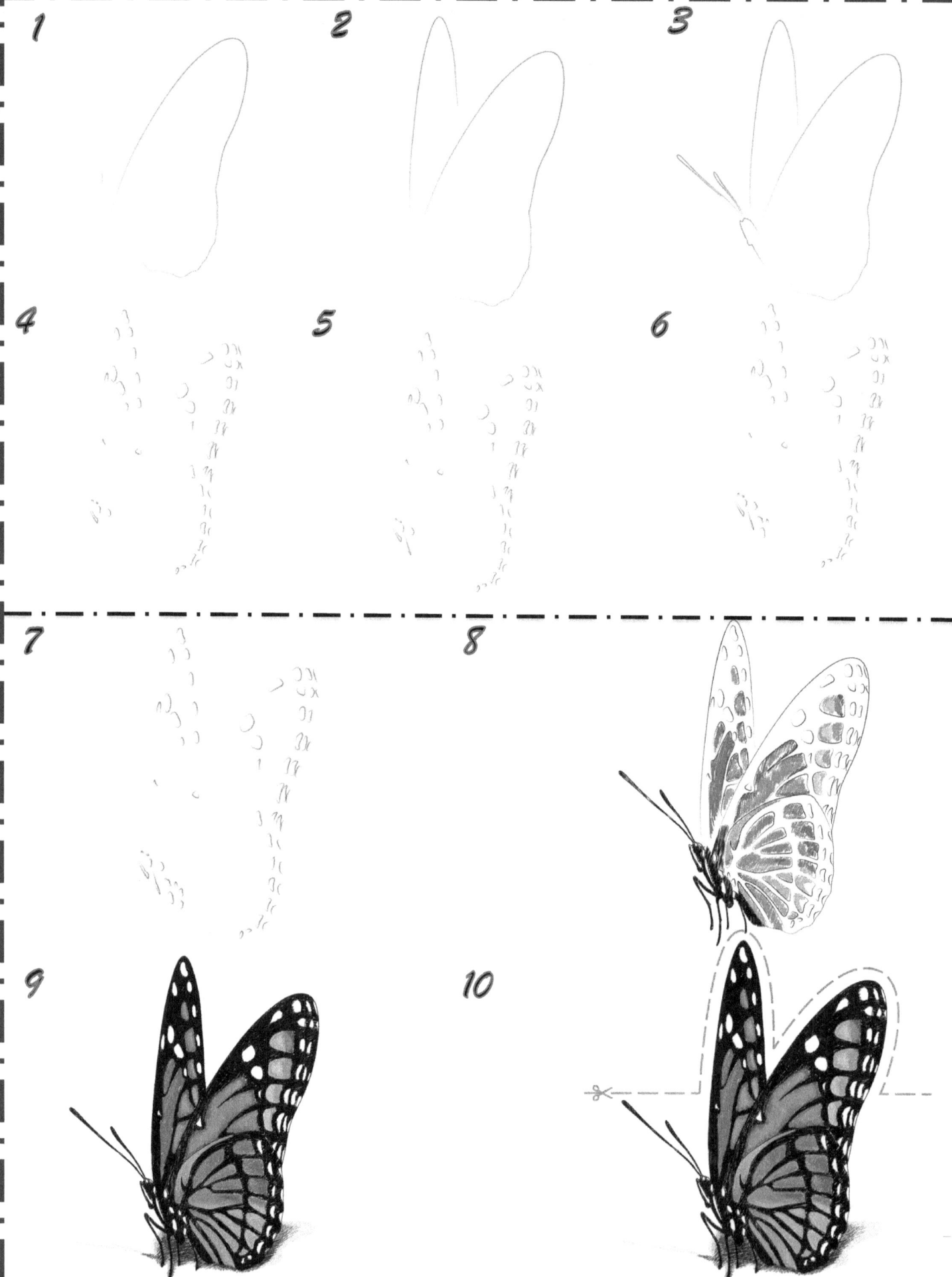

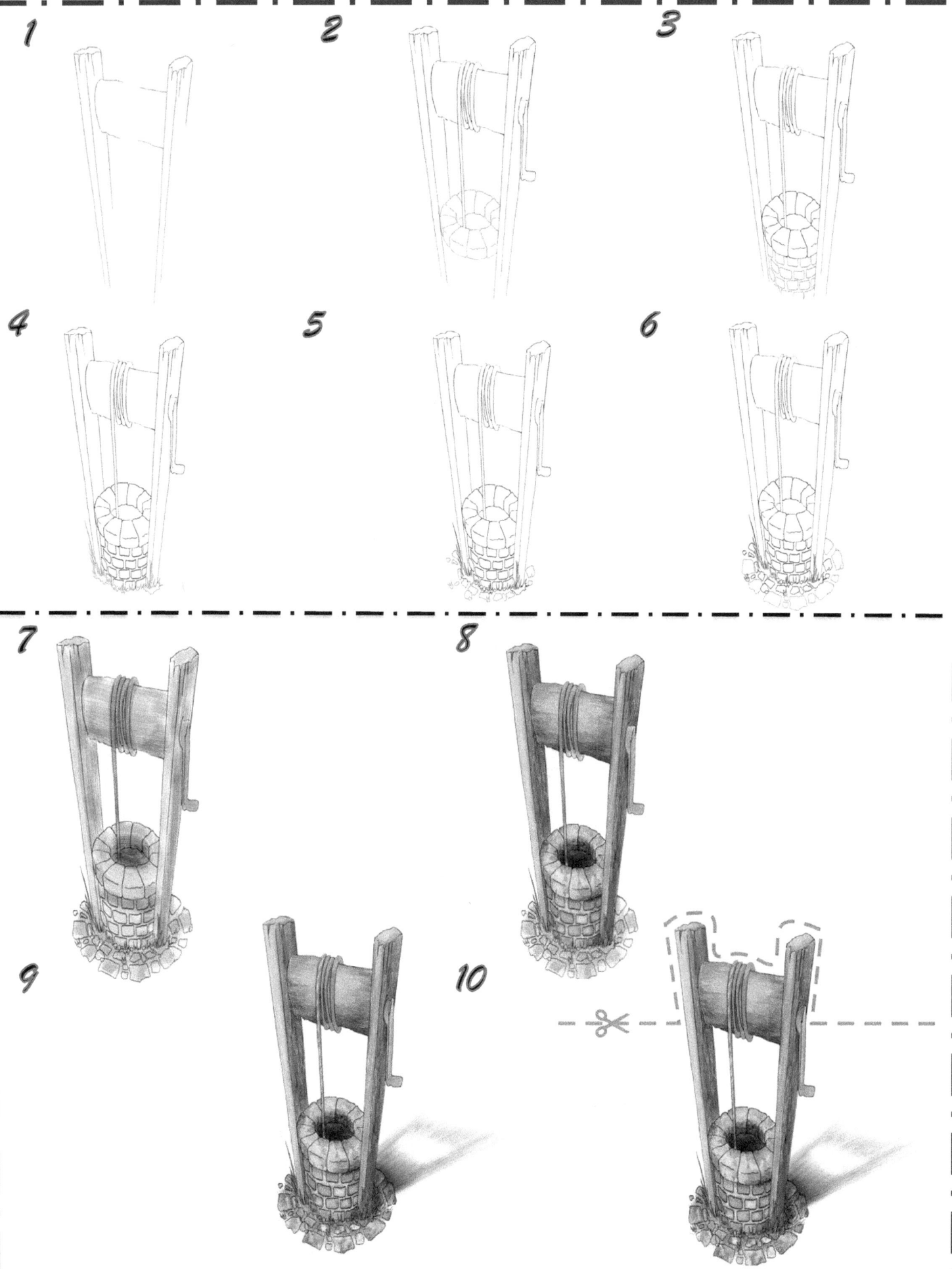

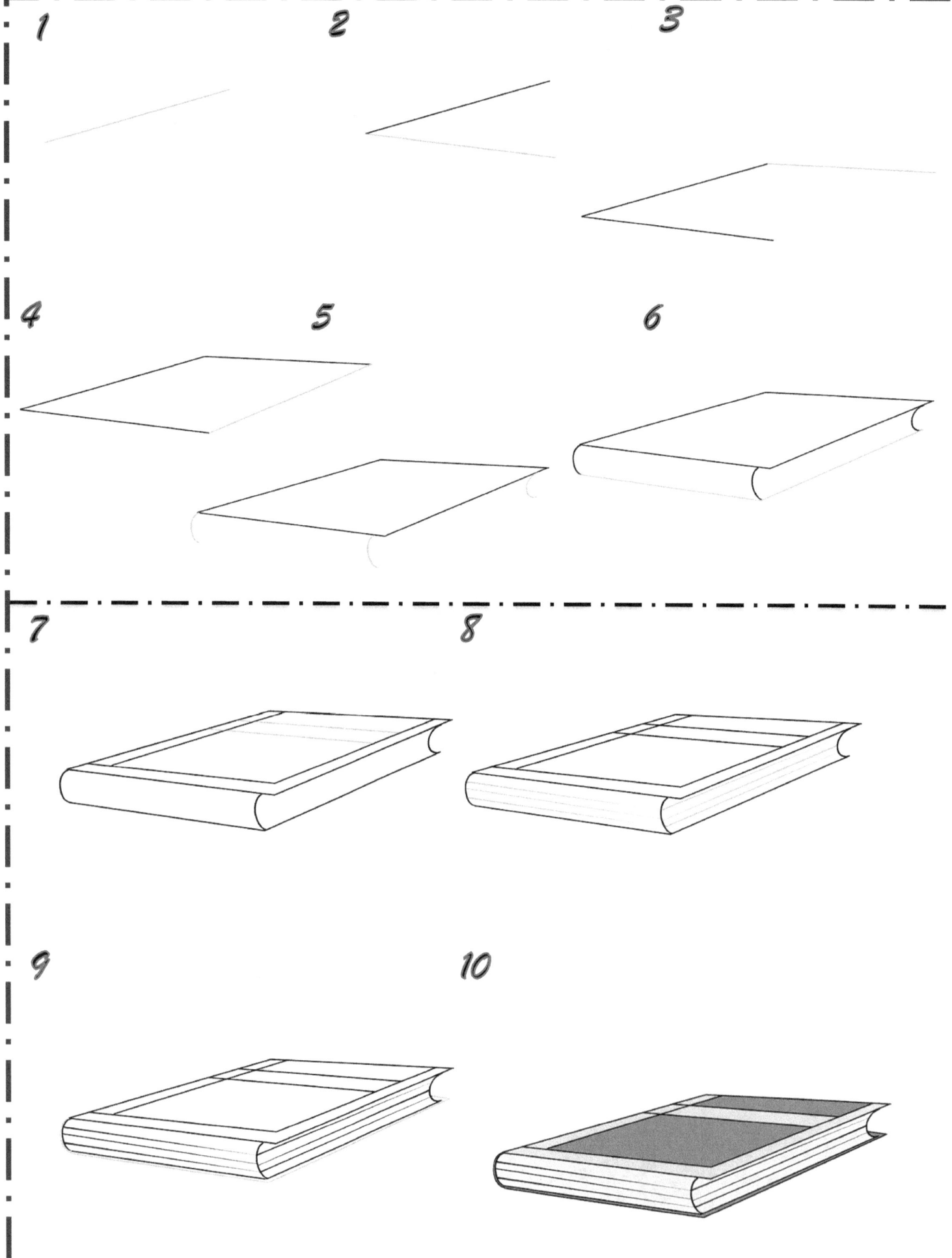

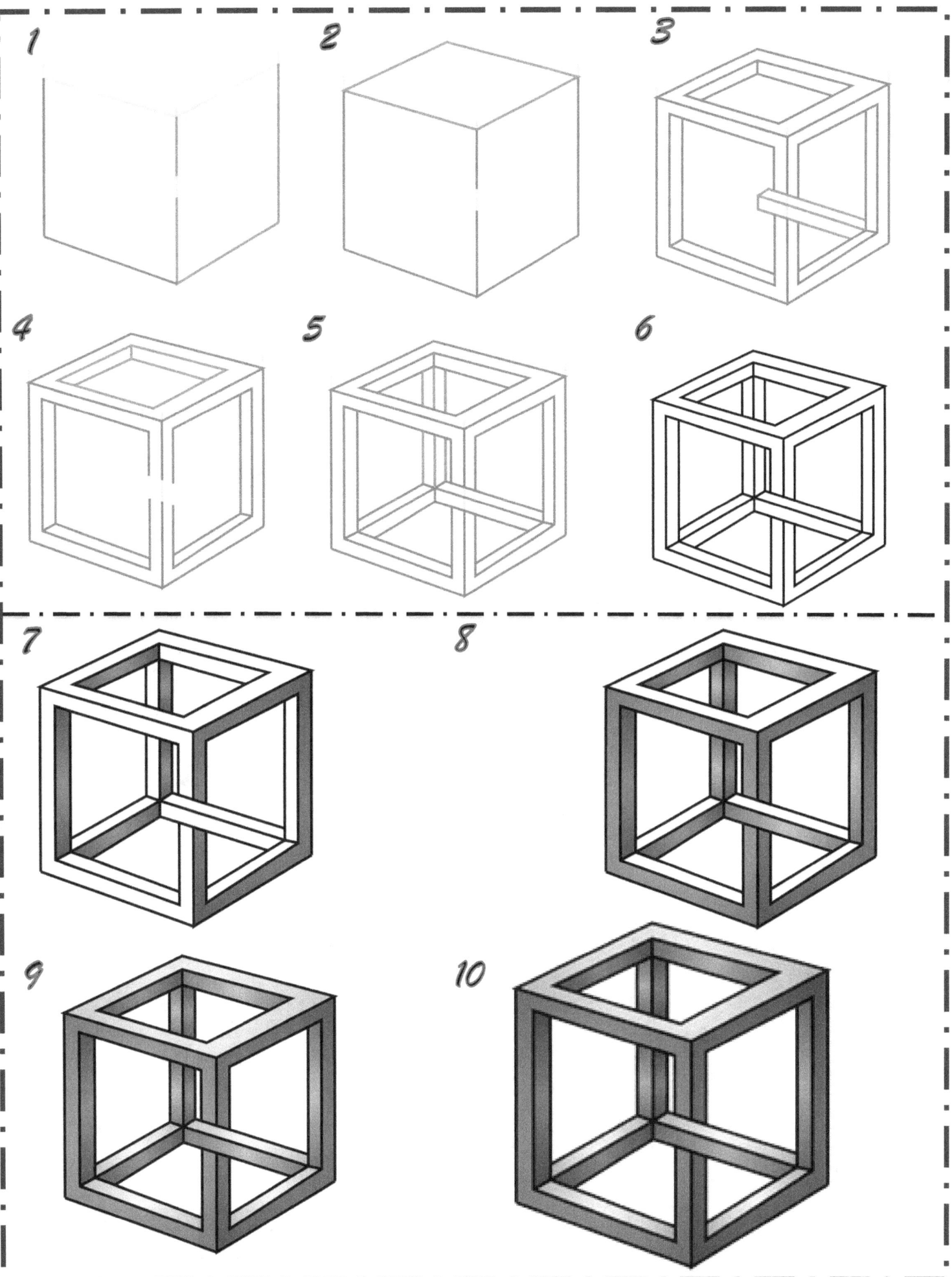

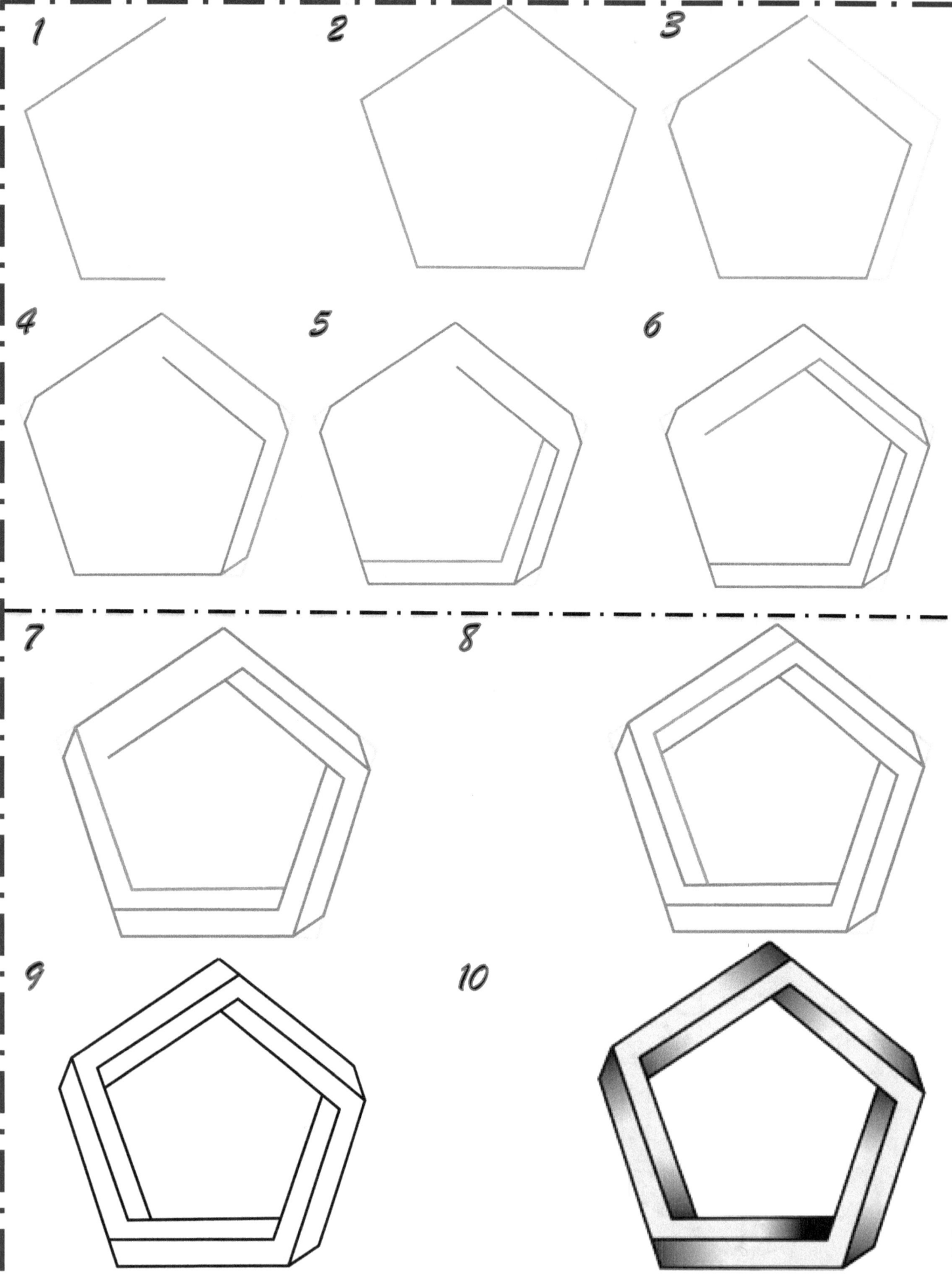

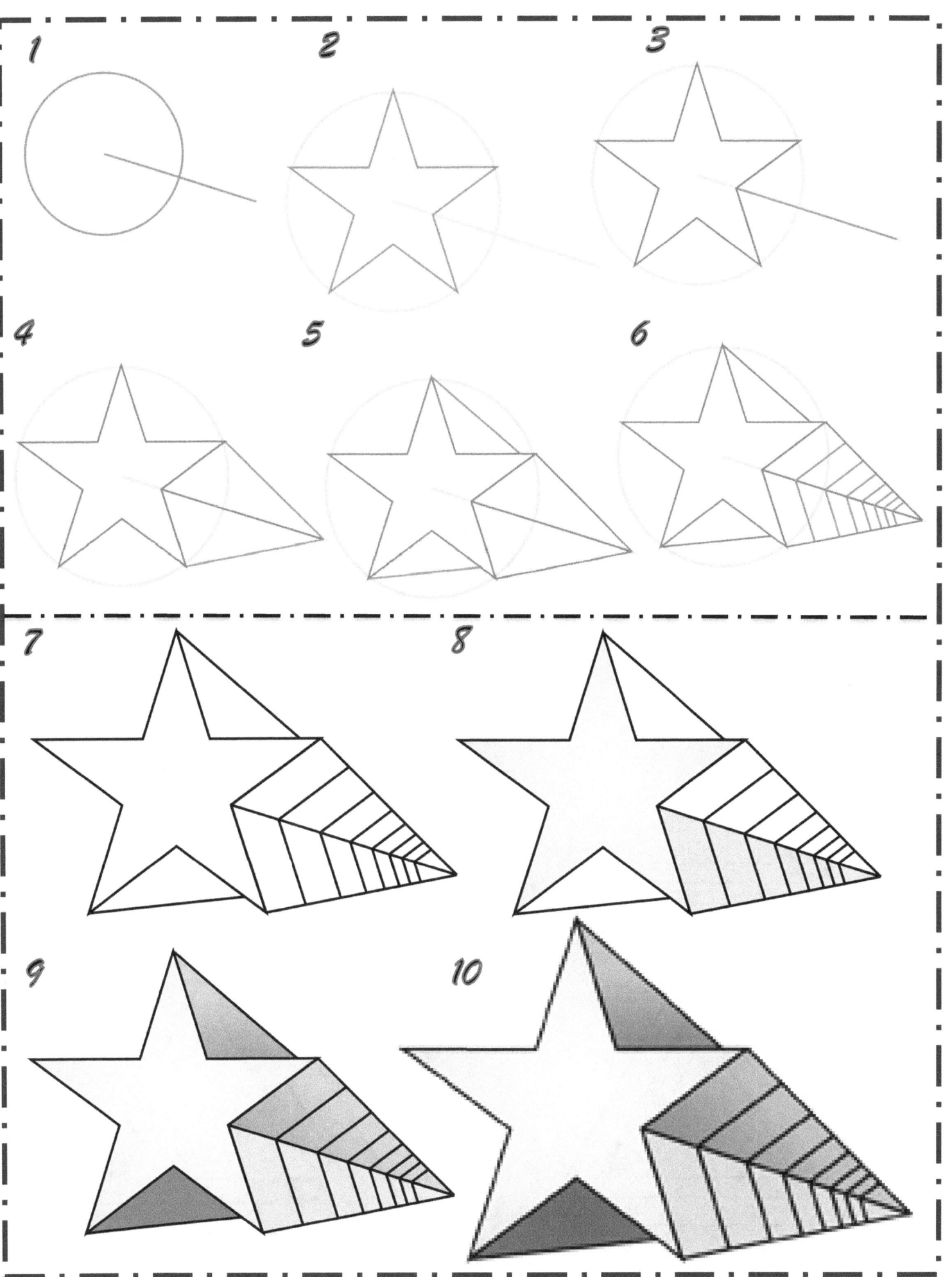

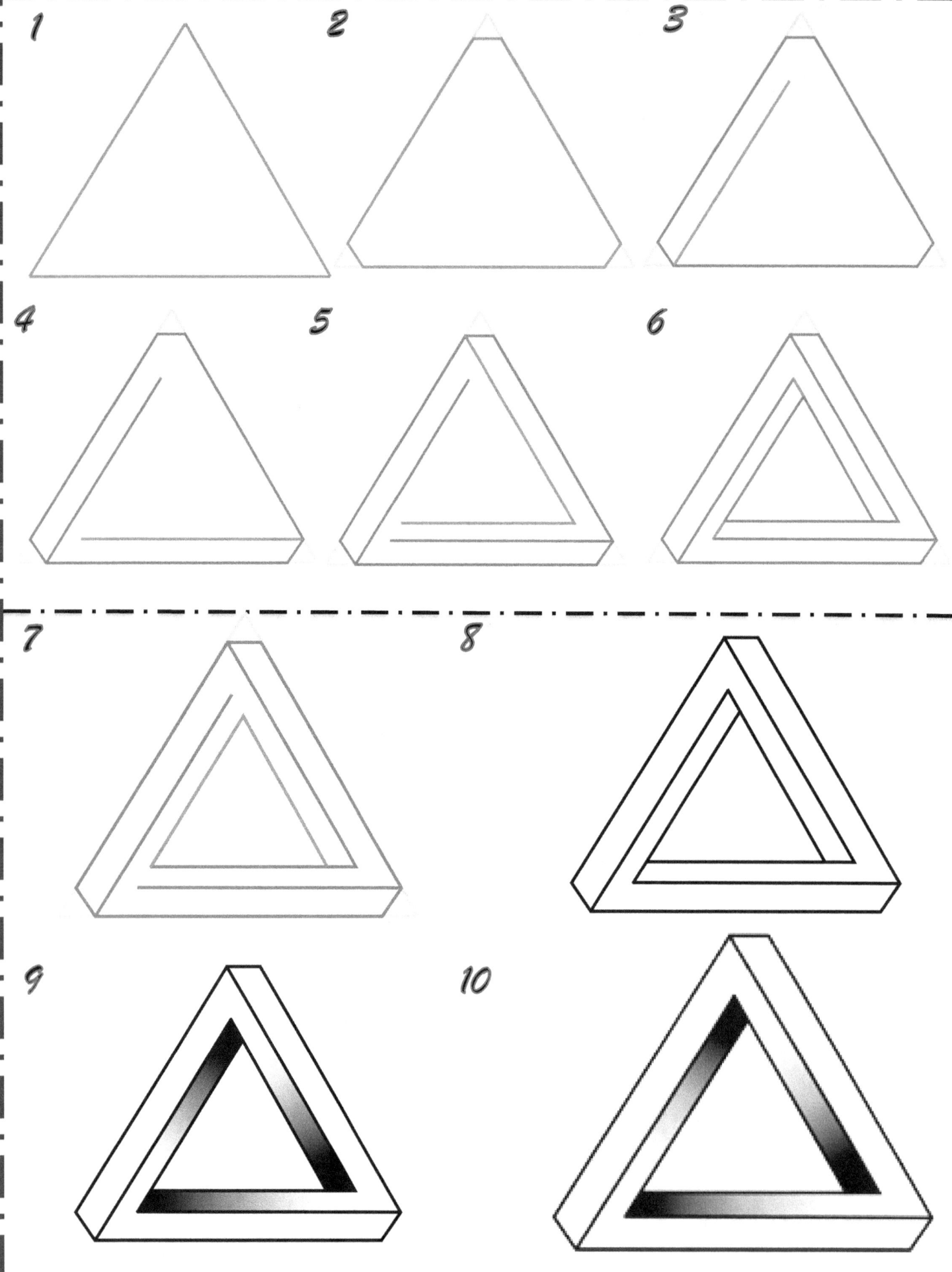

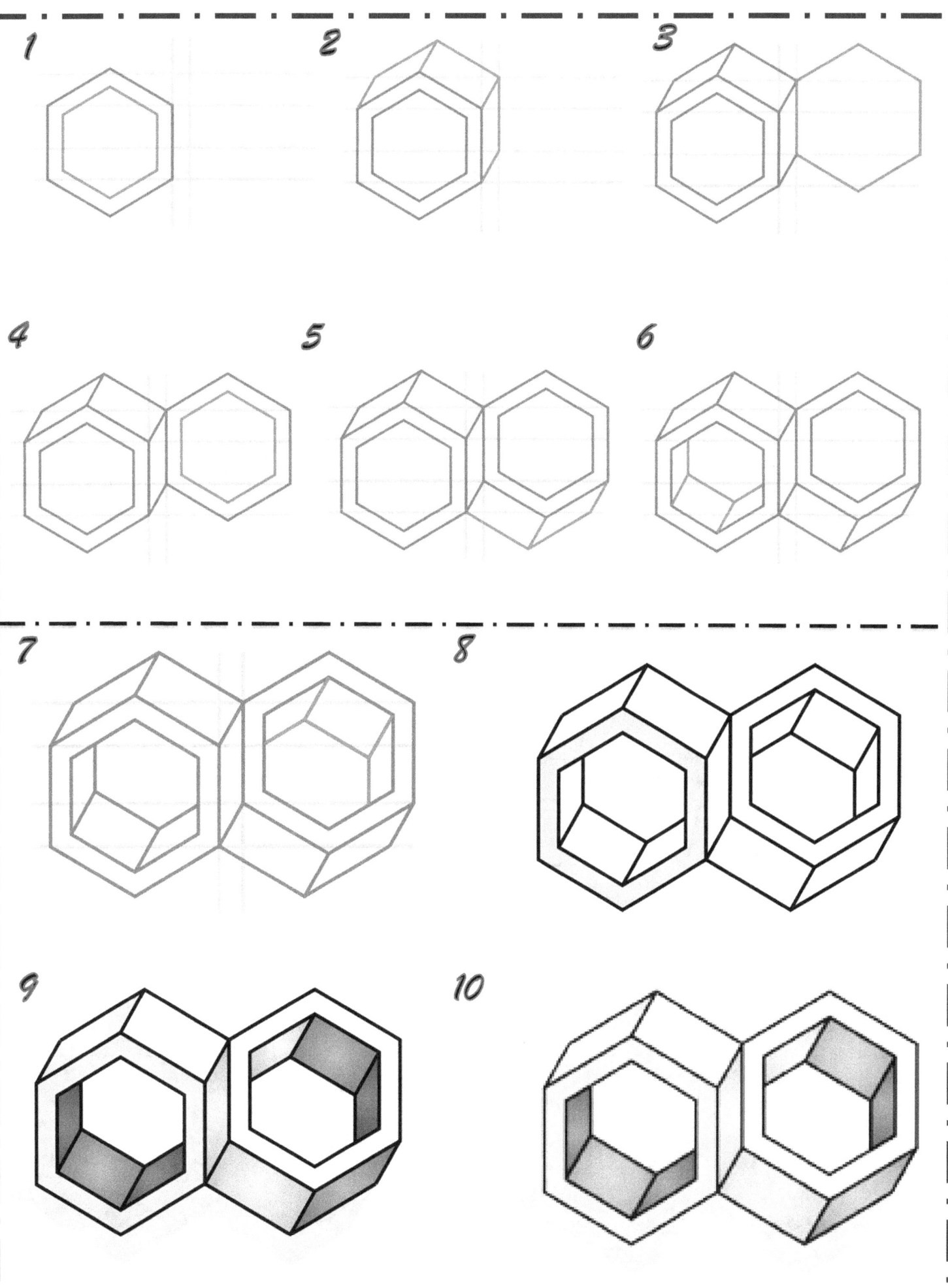

1

2

3

4

5

6

7

8

9

10

1 LOVE
2 LOVE
3 LOVE
LOVE
4 LOVE
5 LOVE
6 LOVE
LOVE
7 LOVE
8 LOVE
9 LOVE
10 LOVE

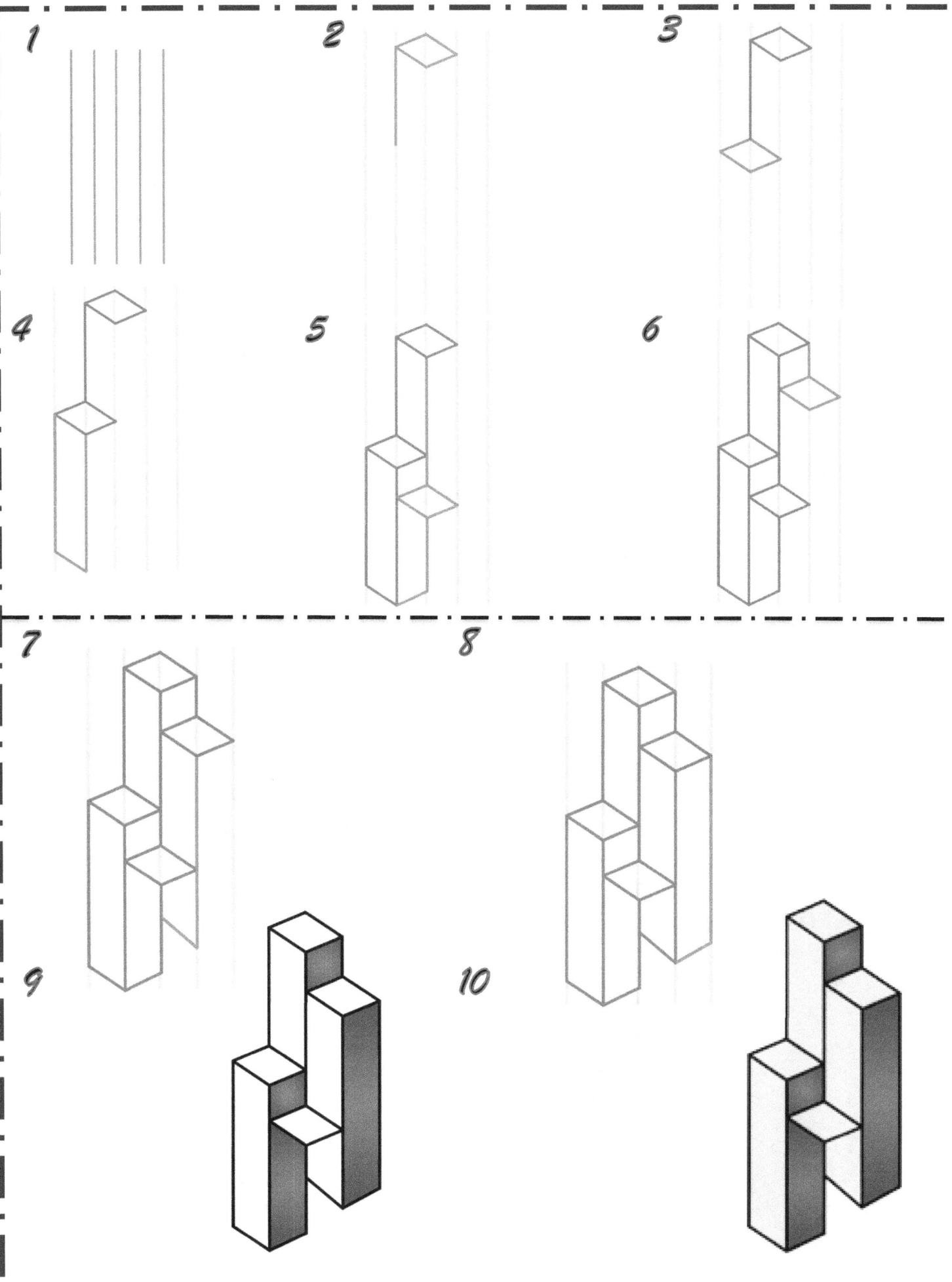

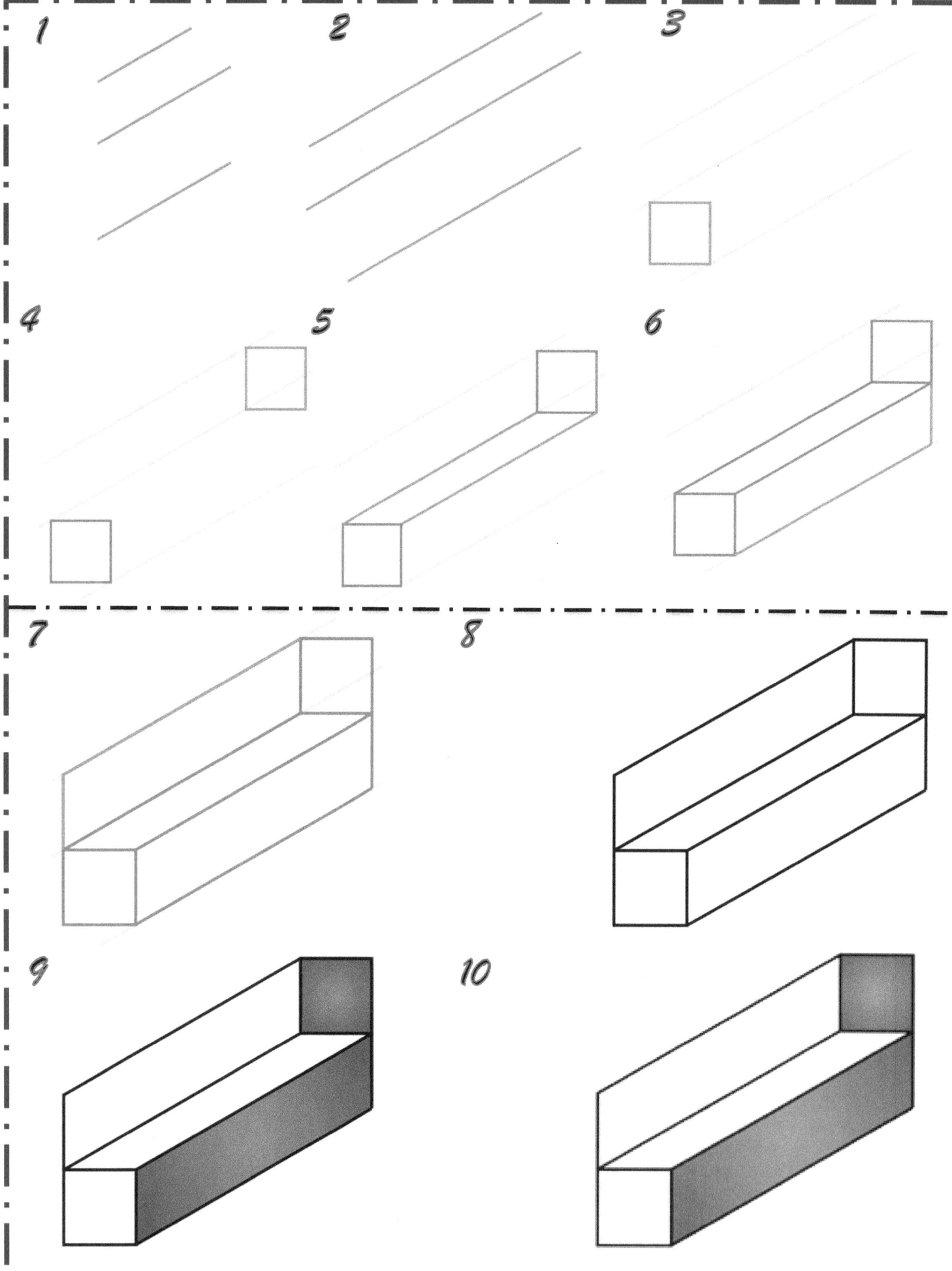

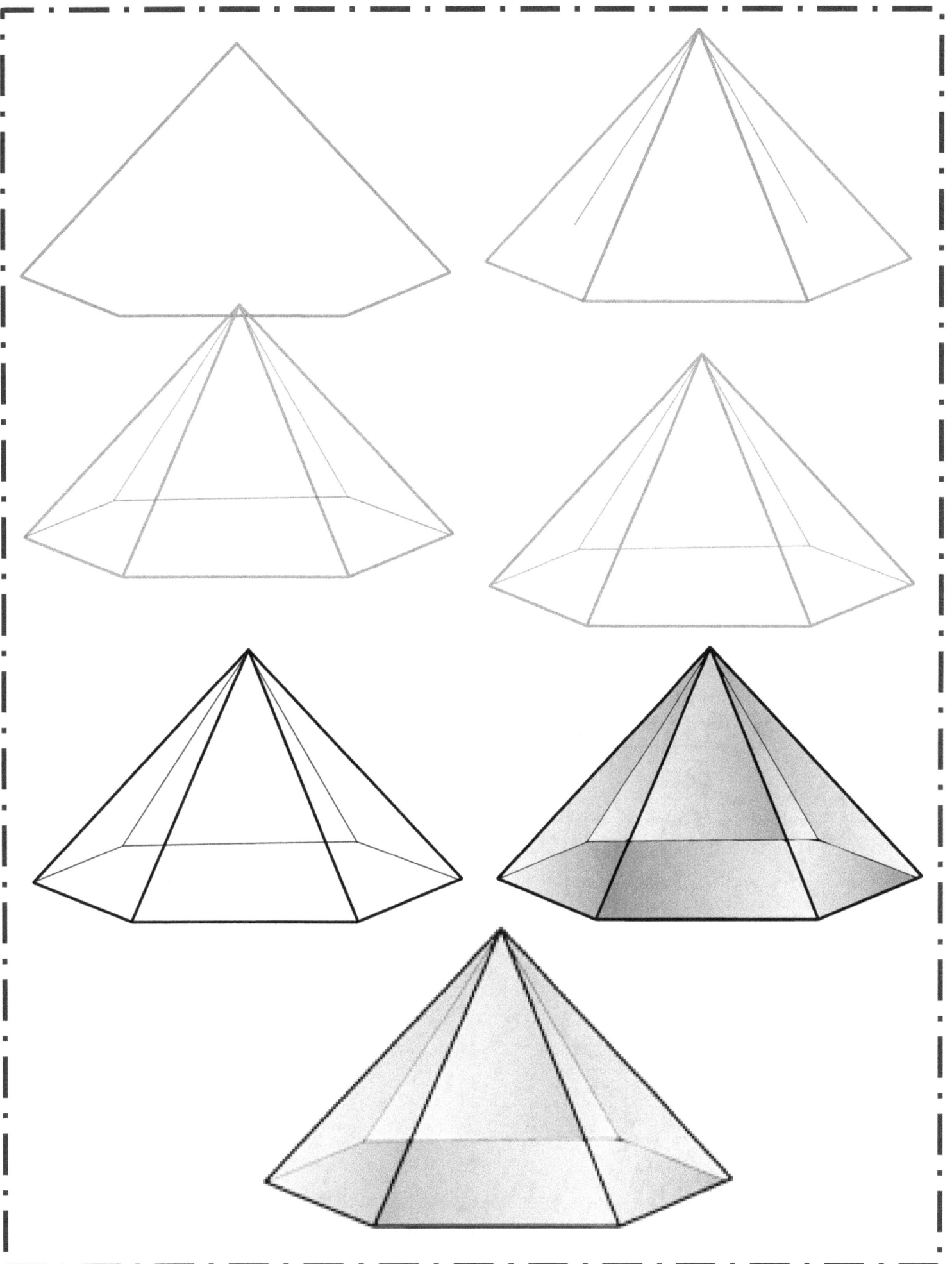

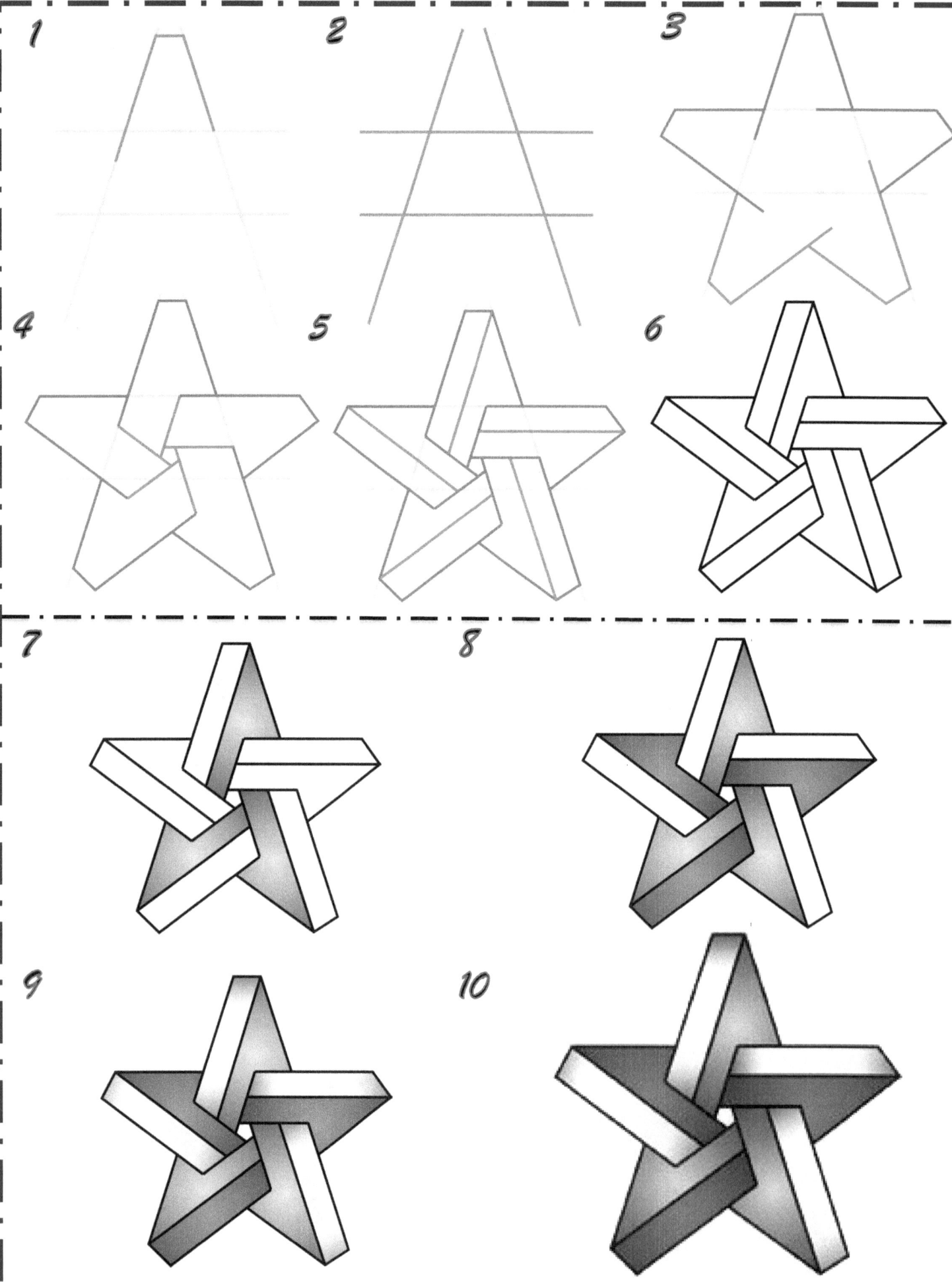

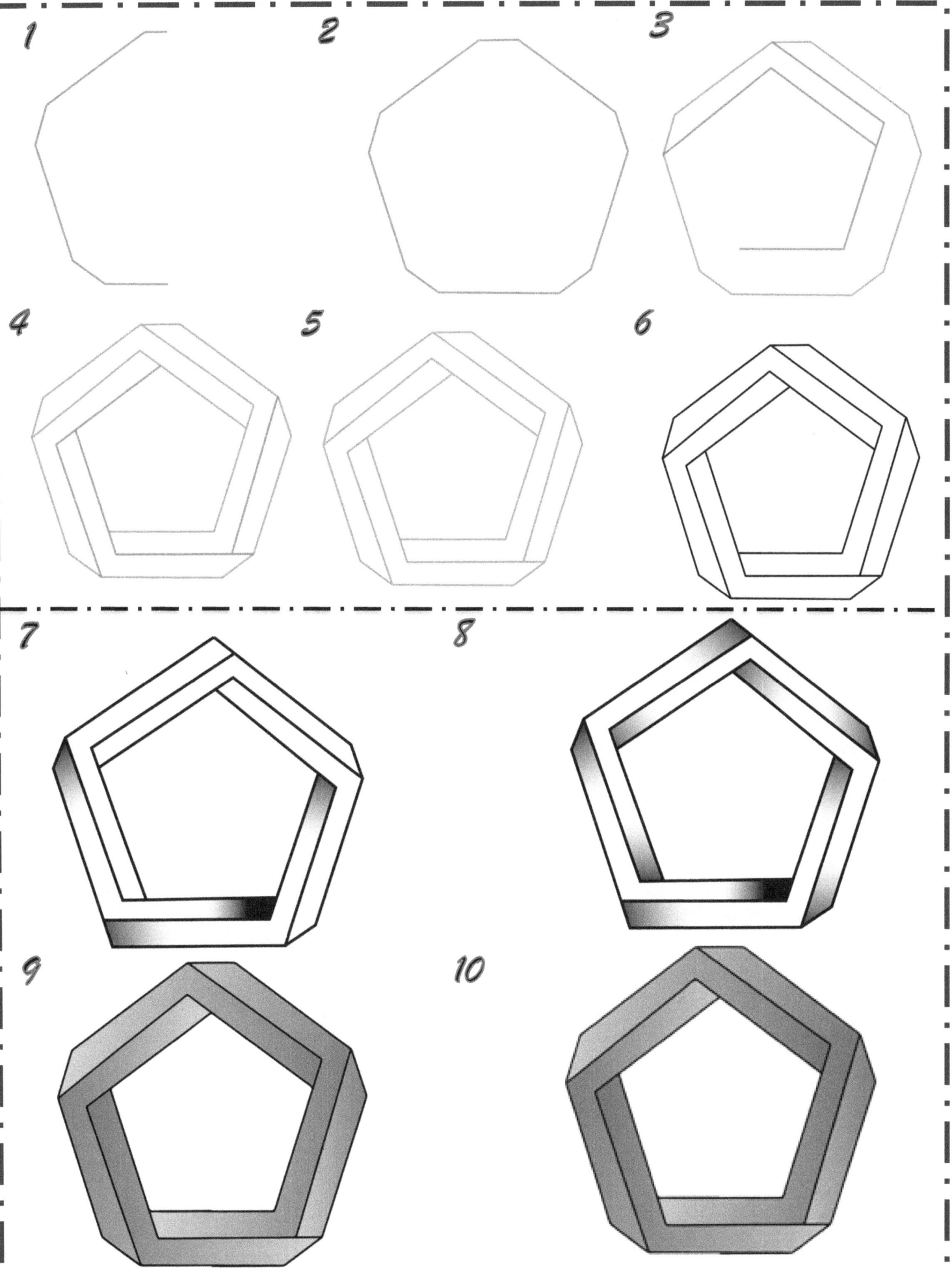

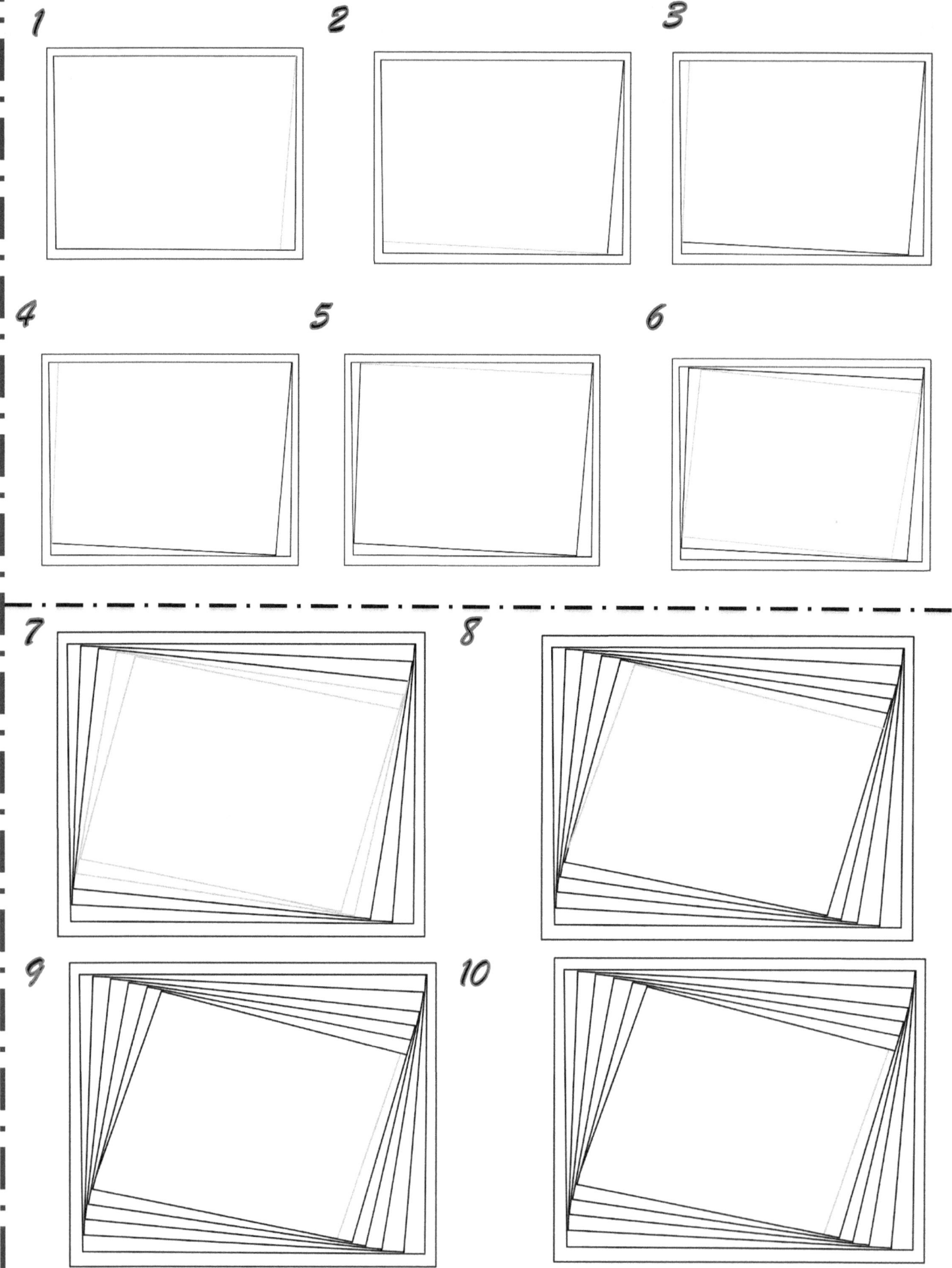

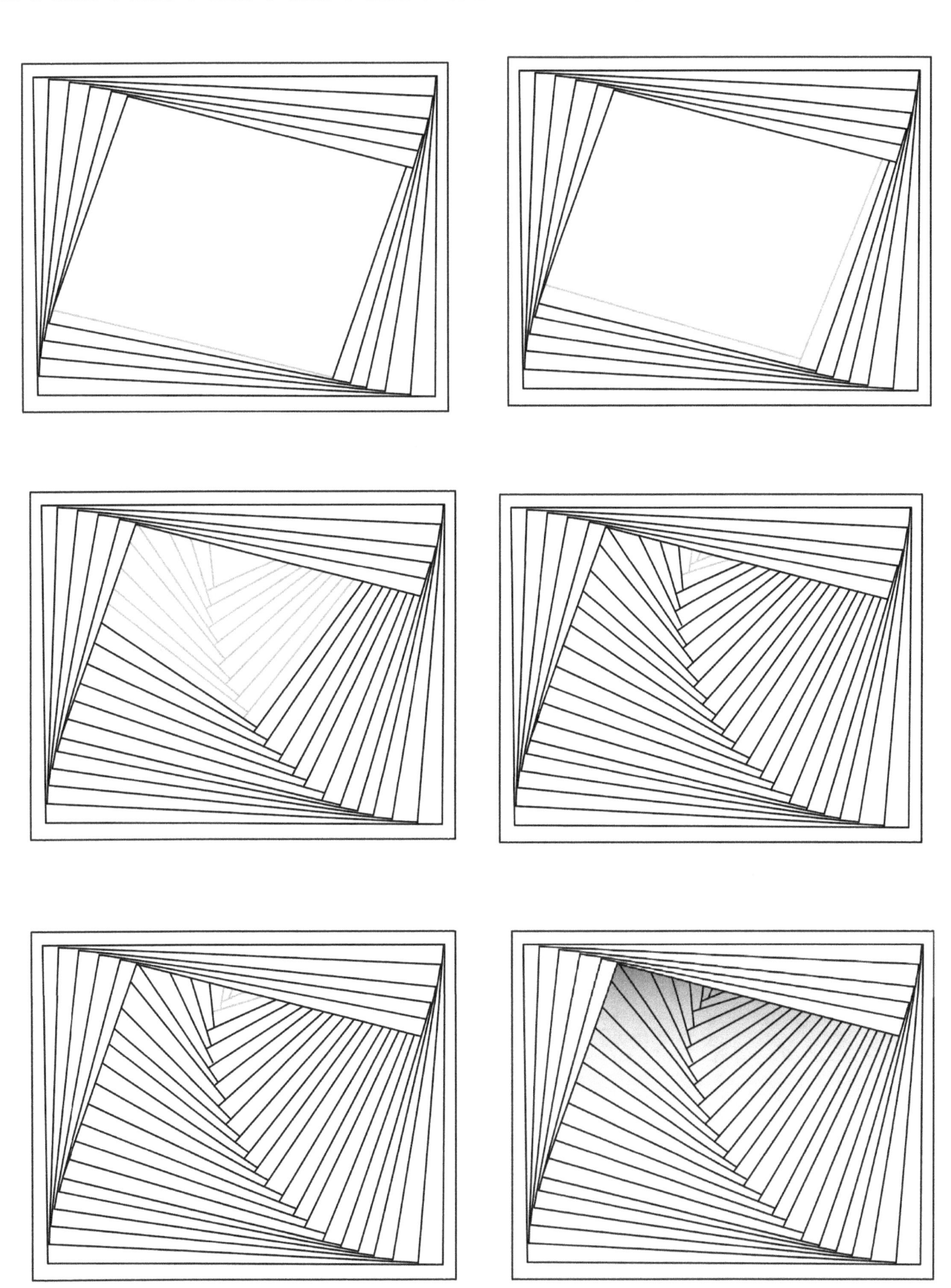

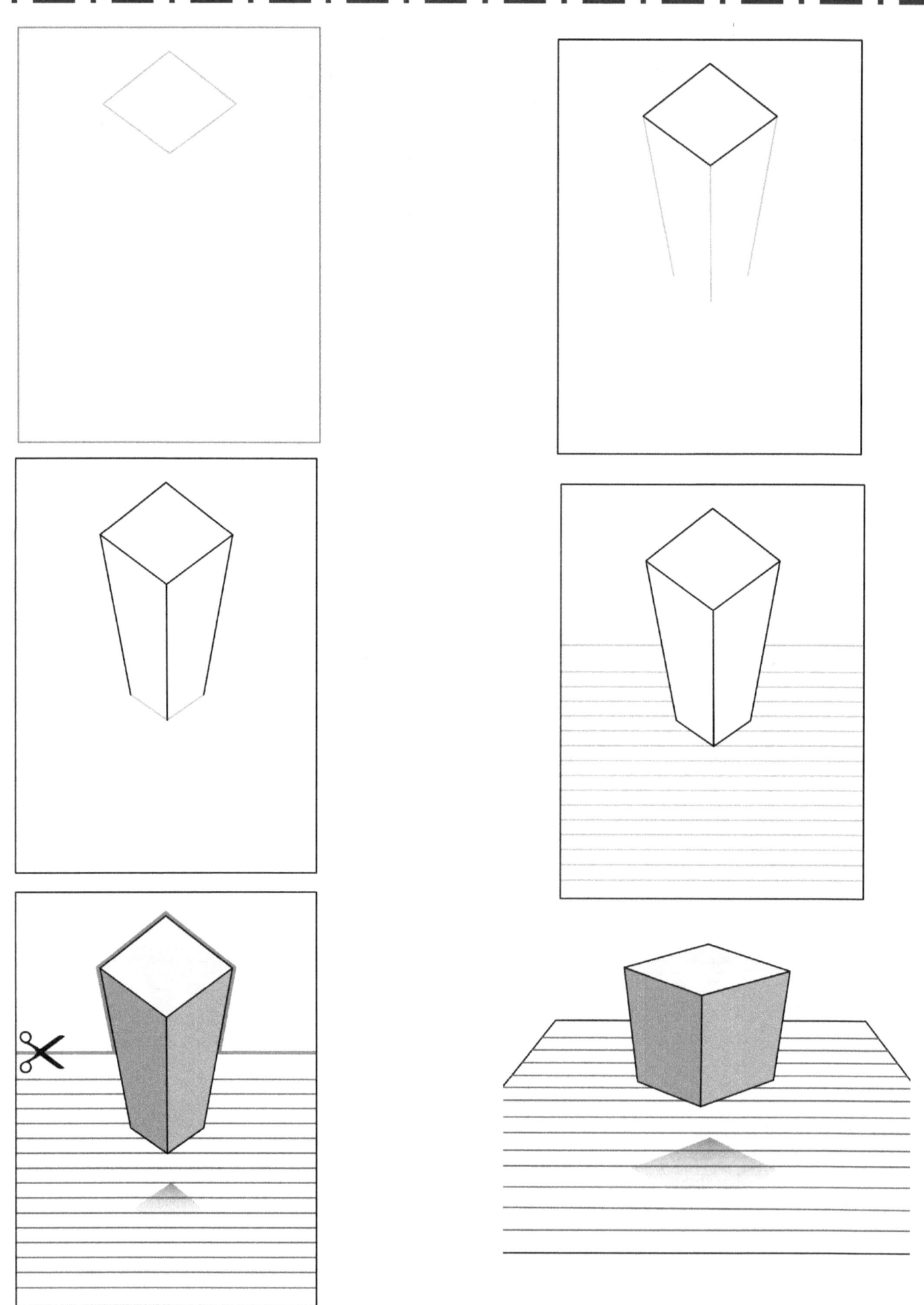

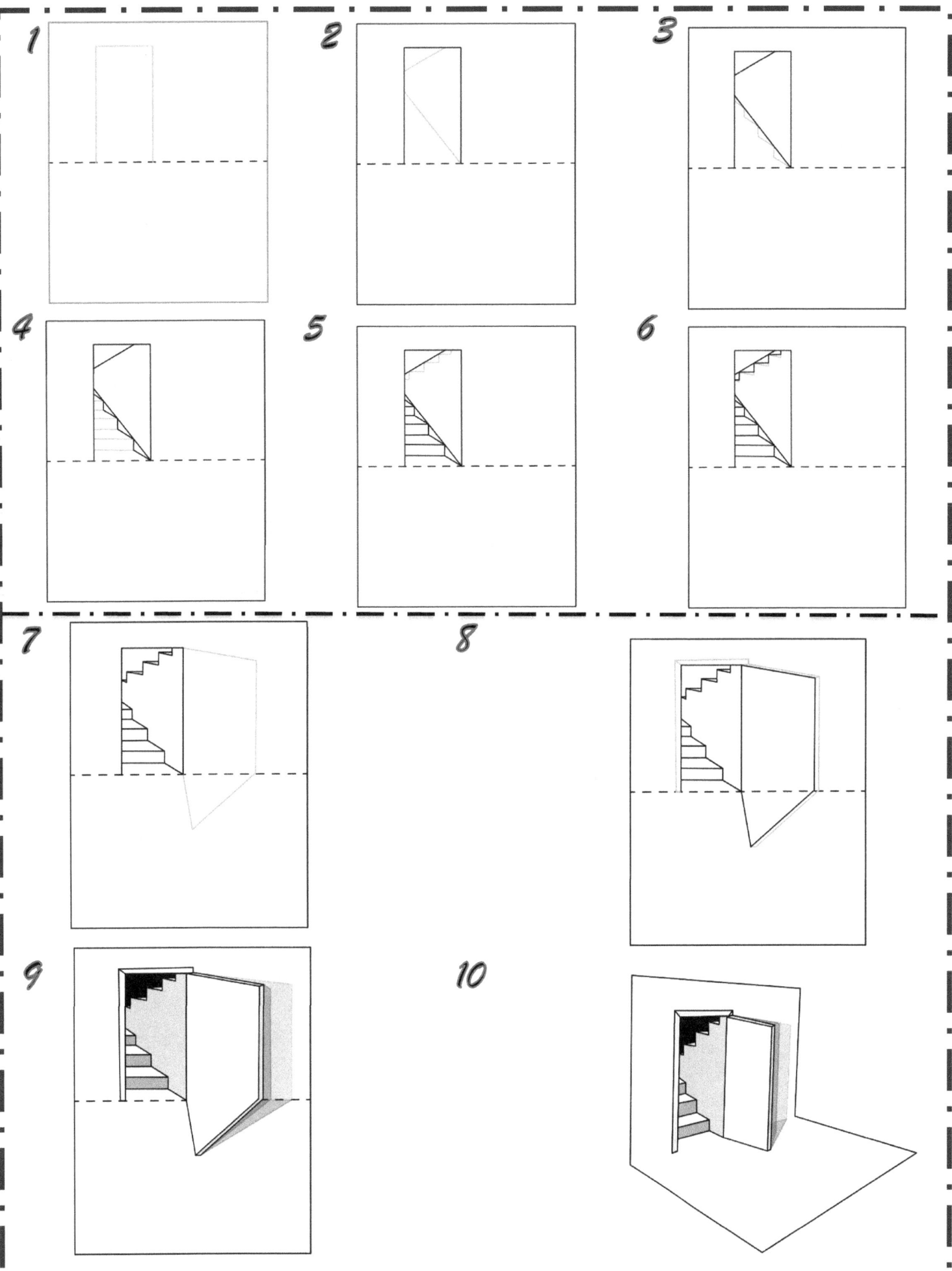

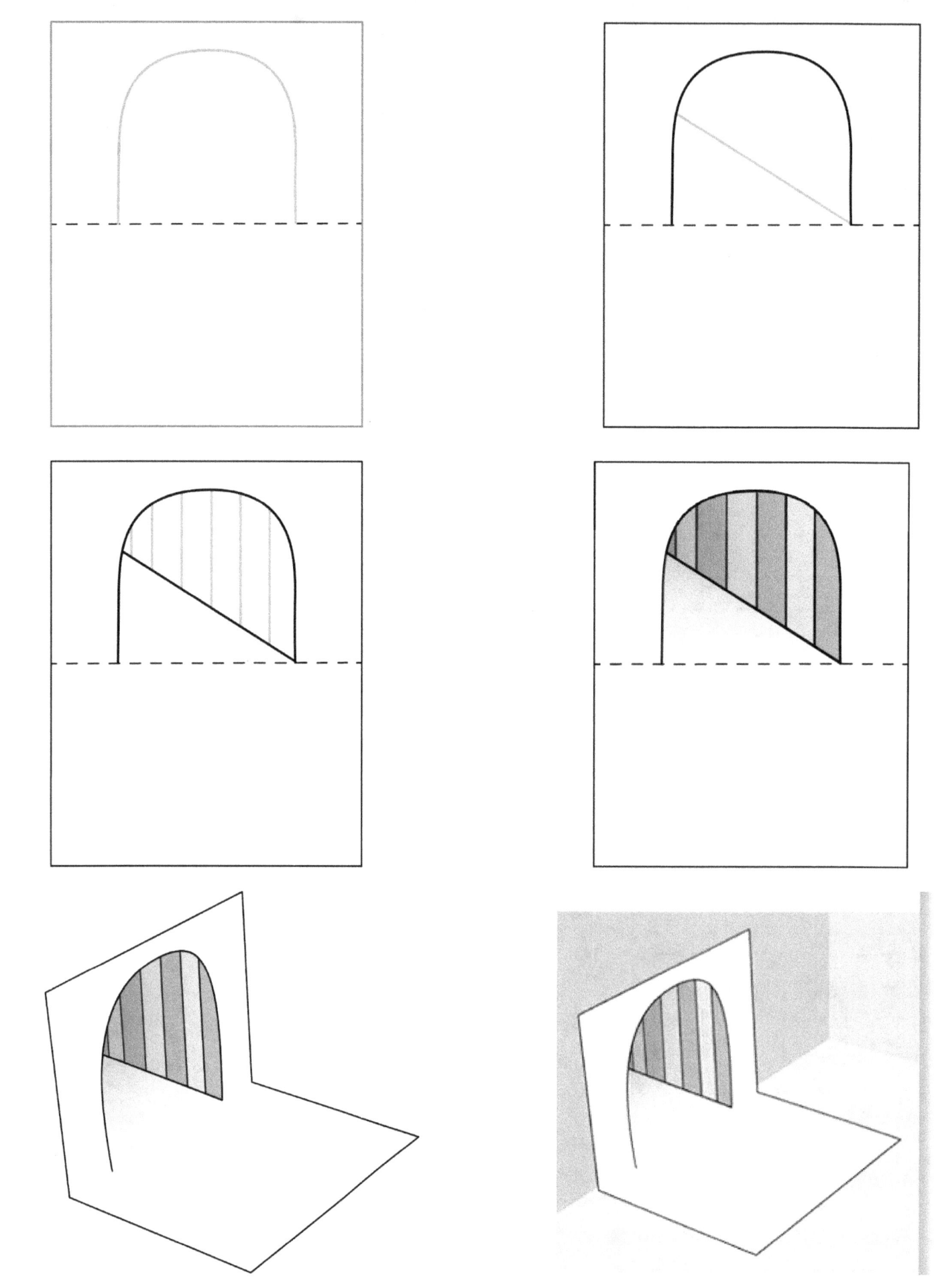

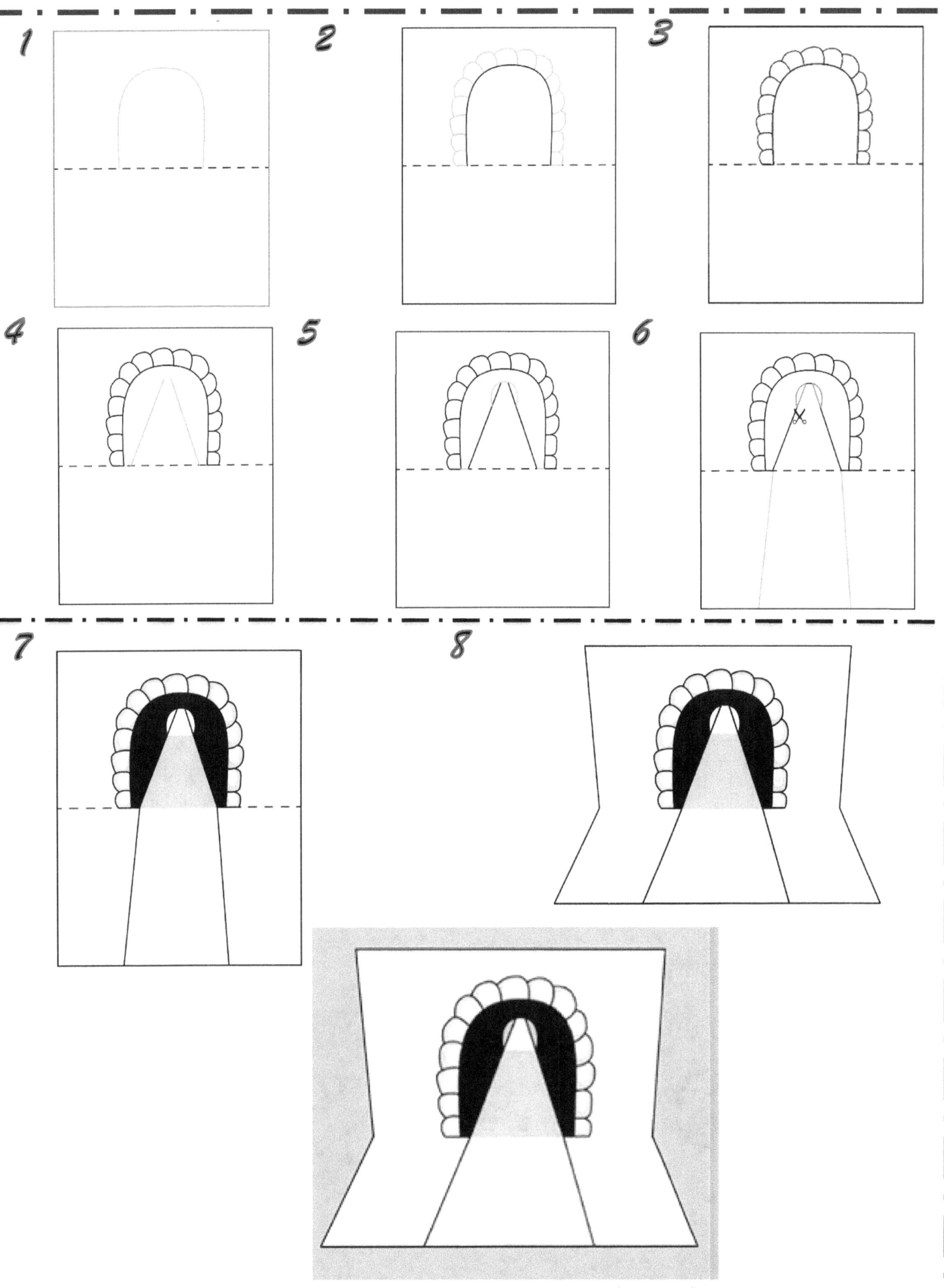

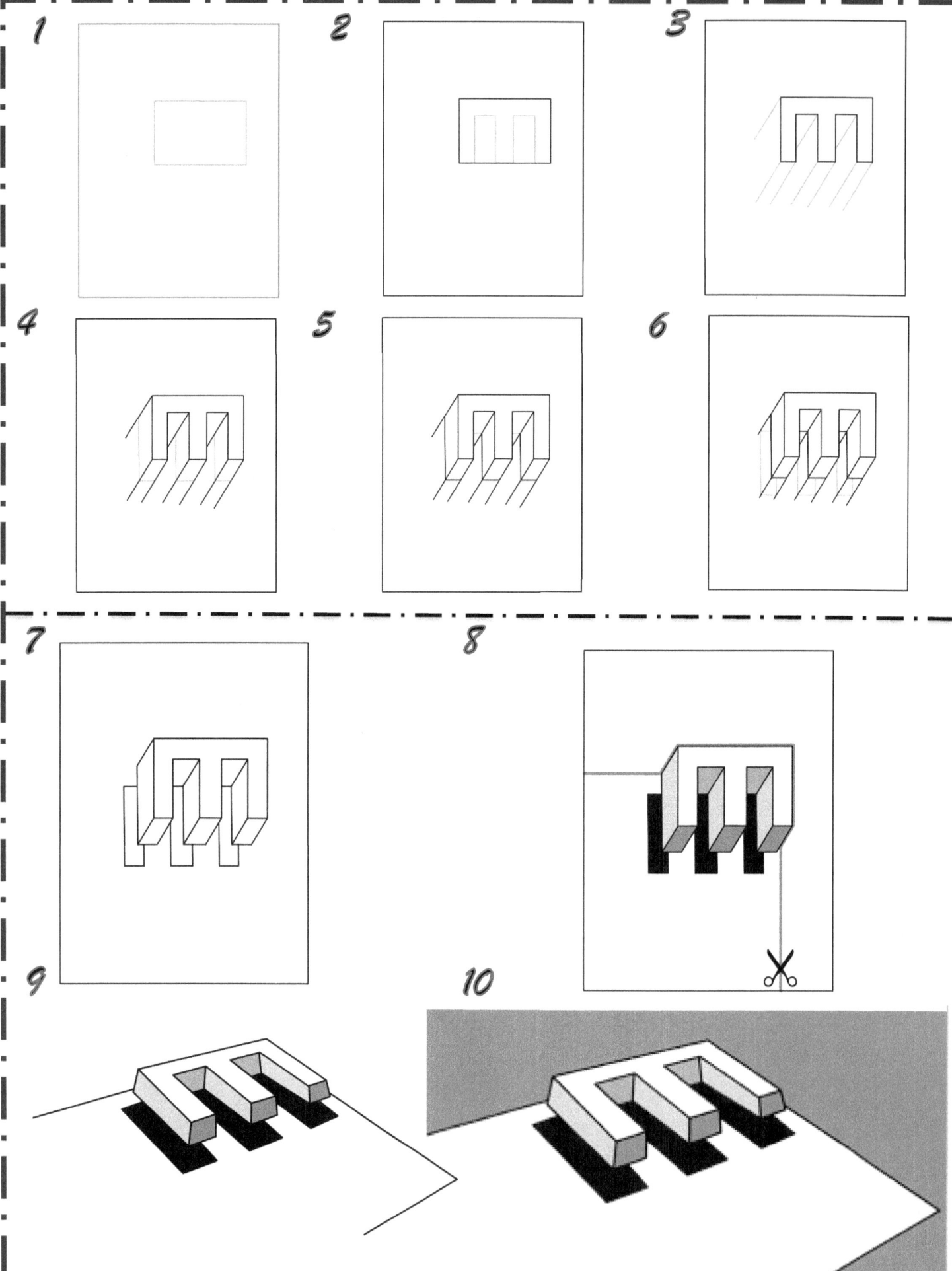

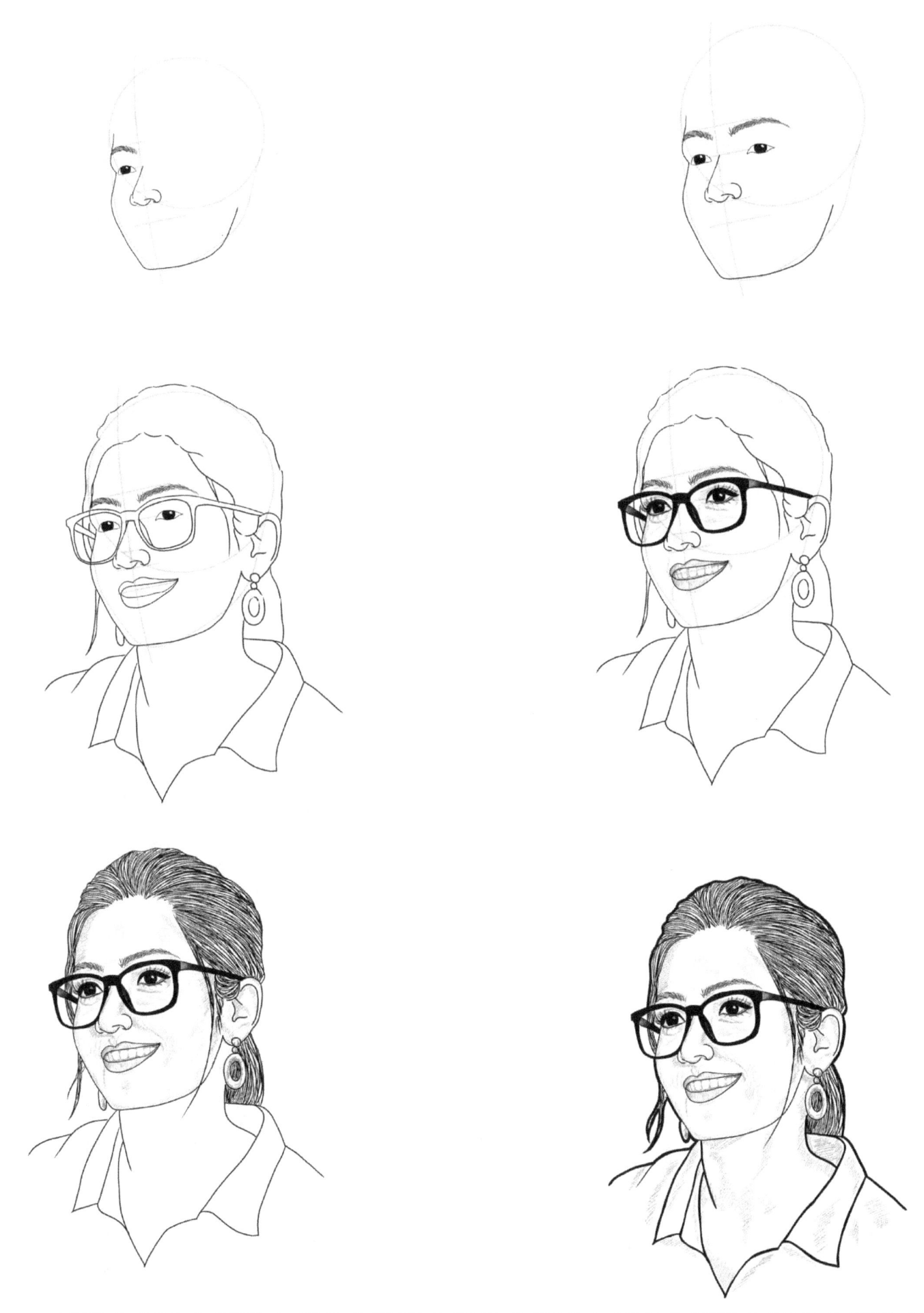

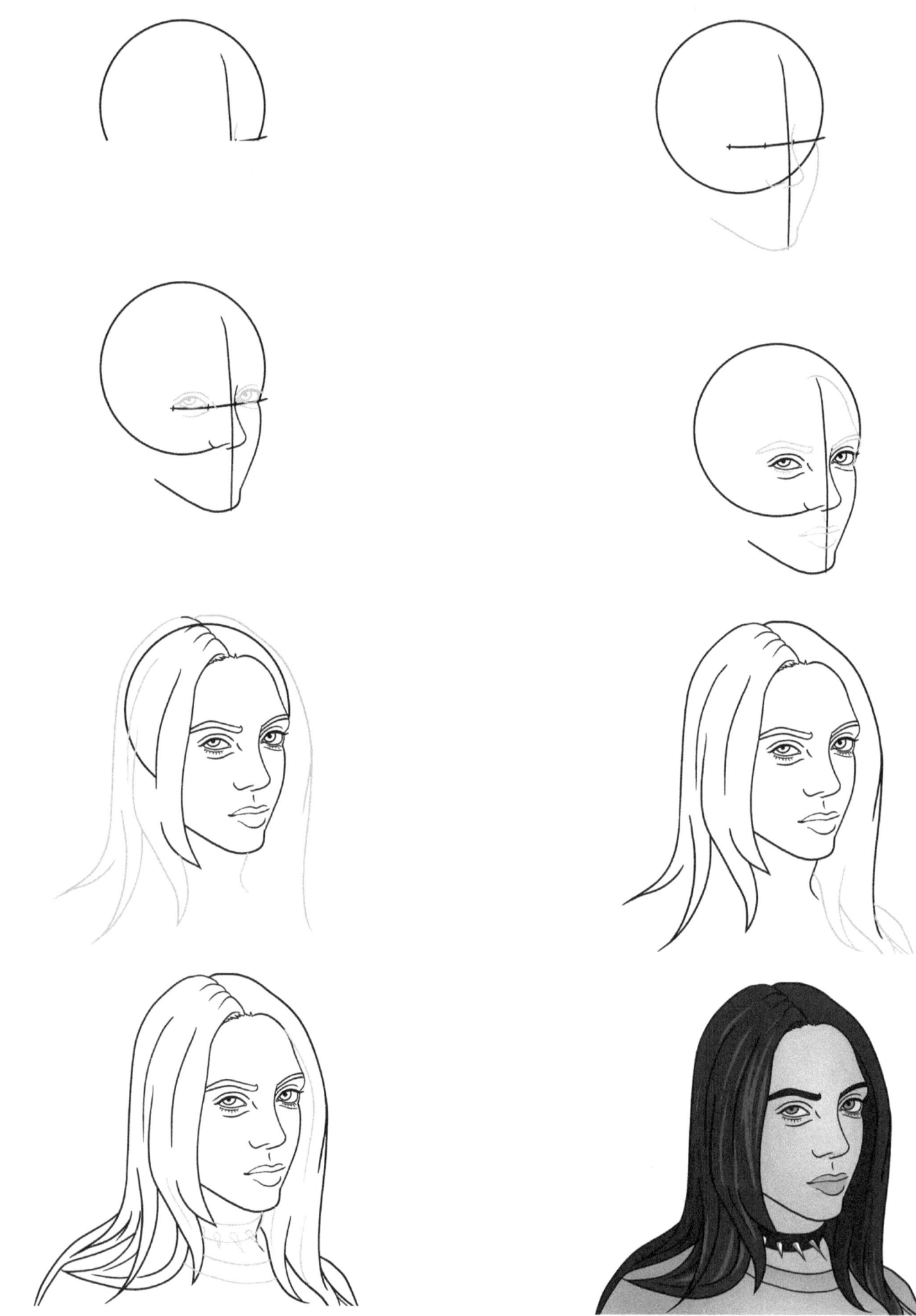

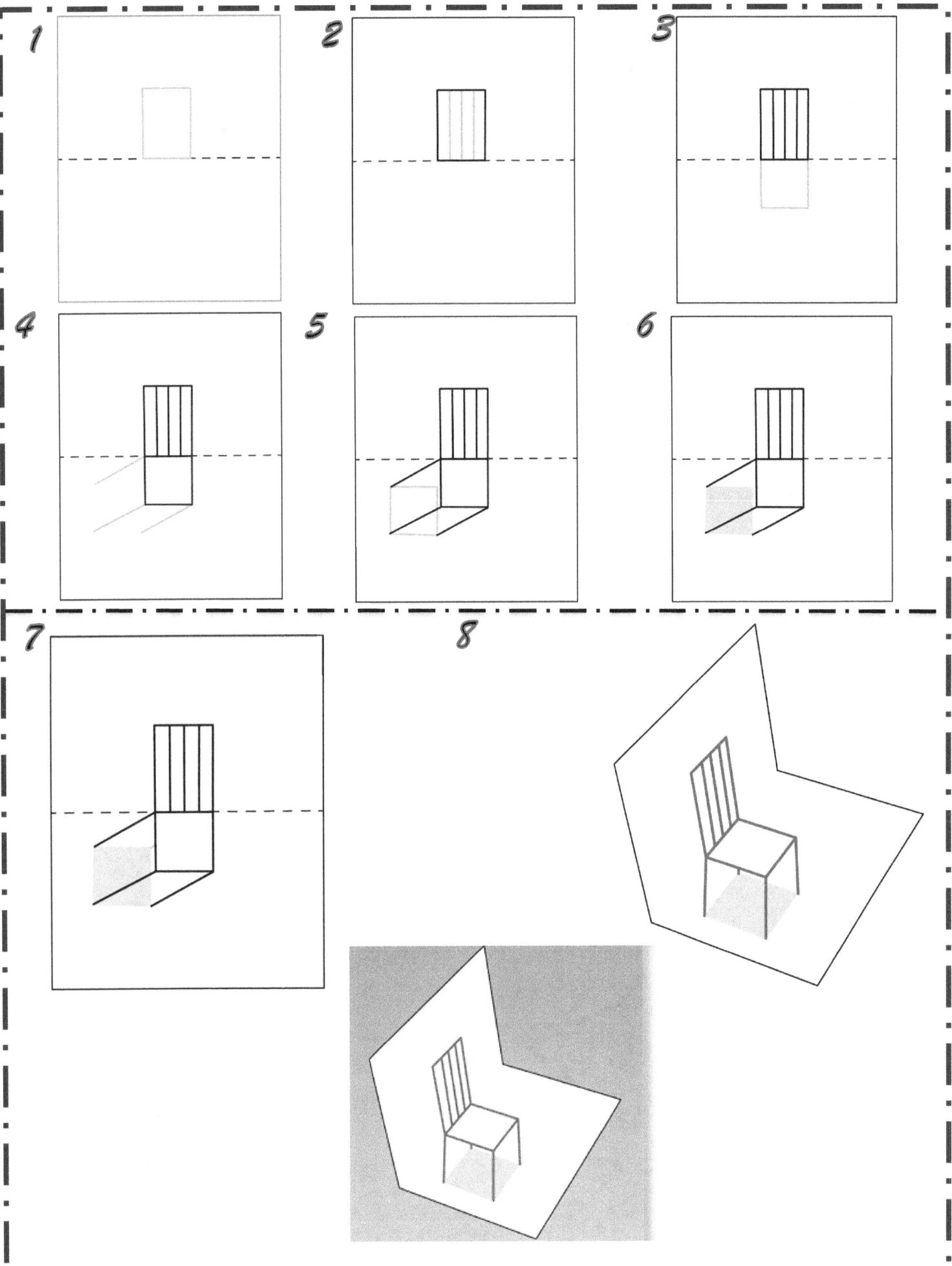

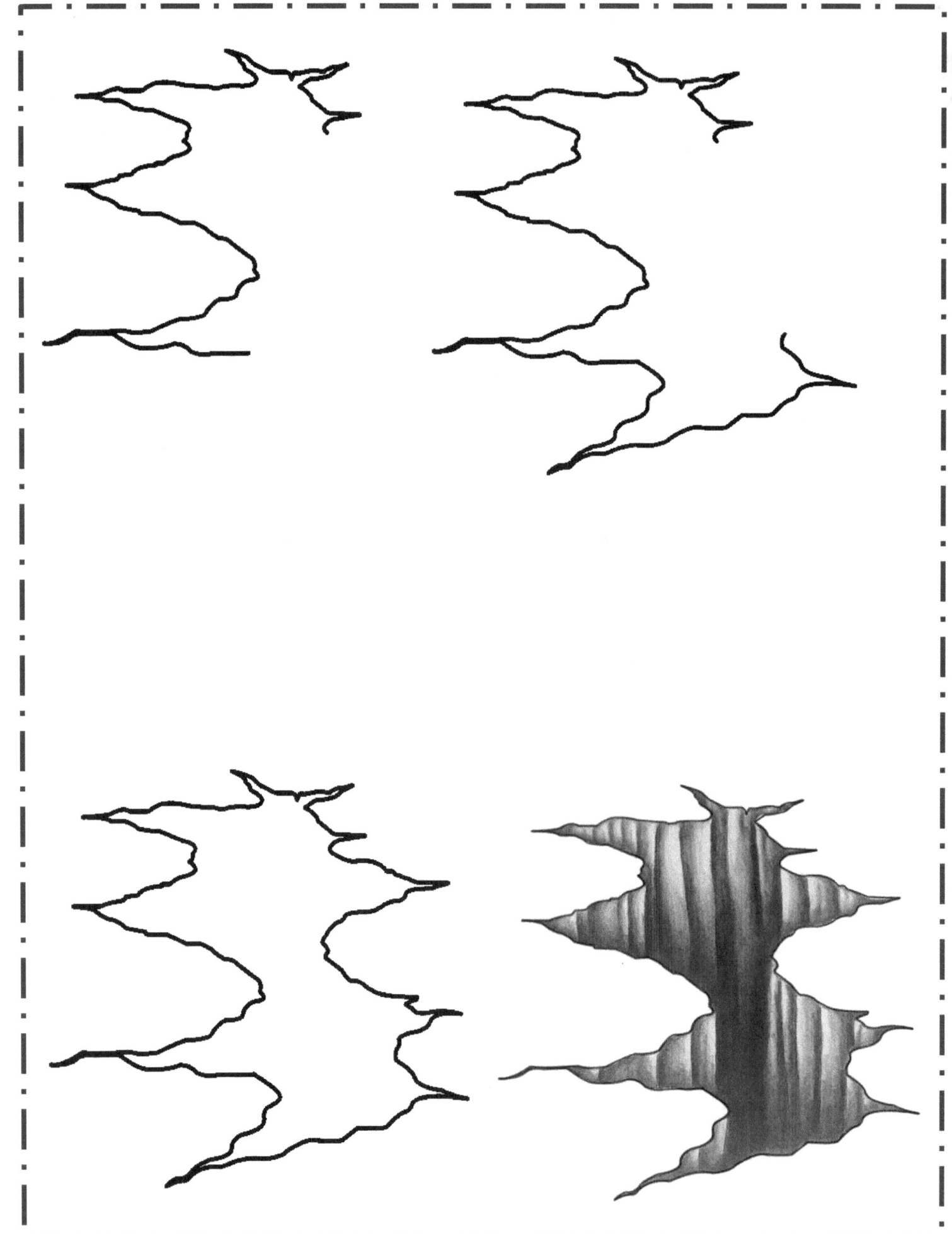

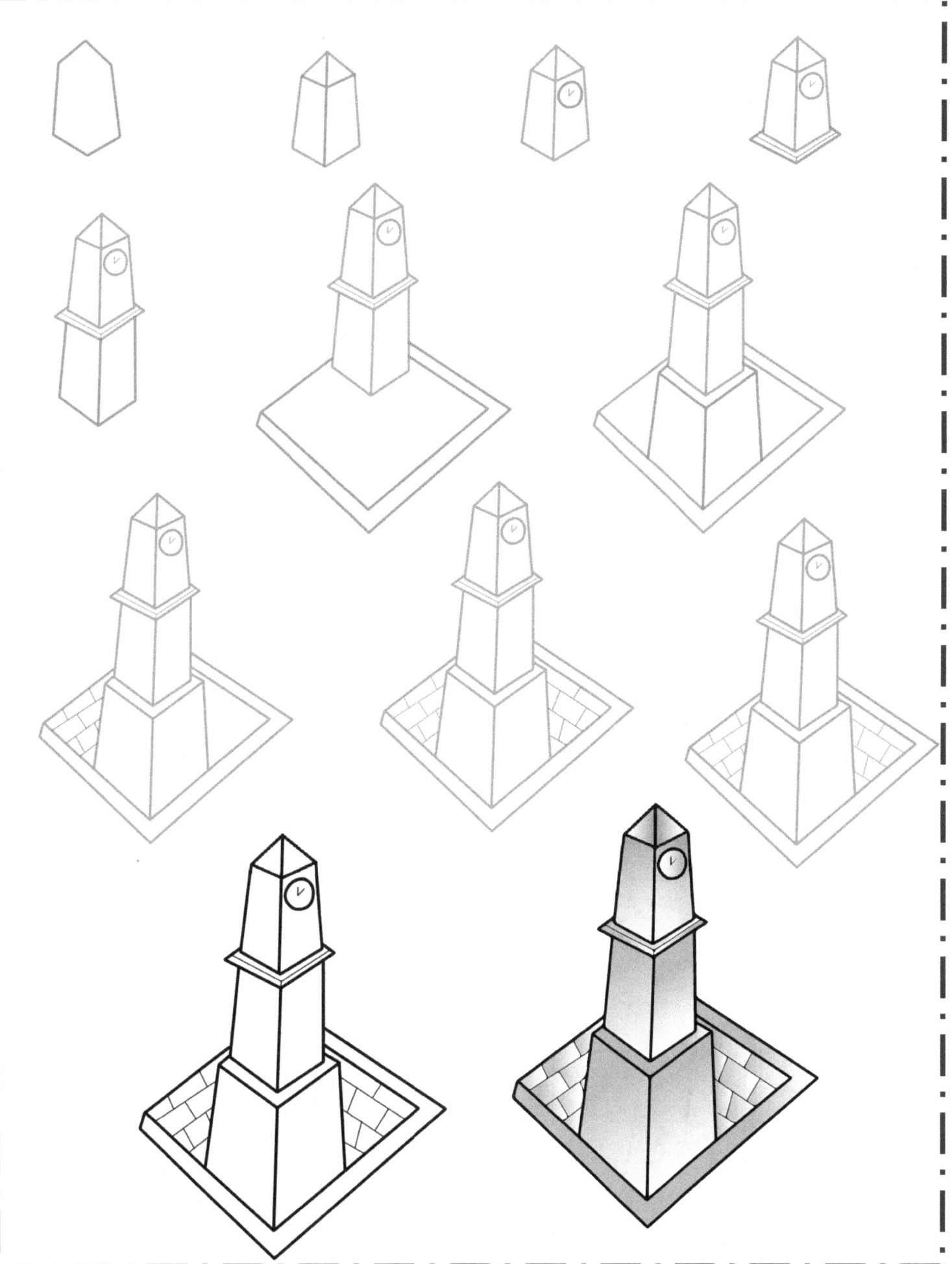

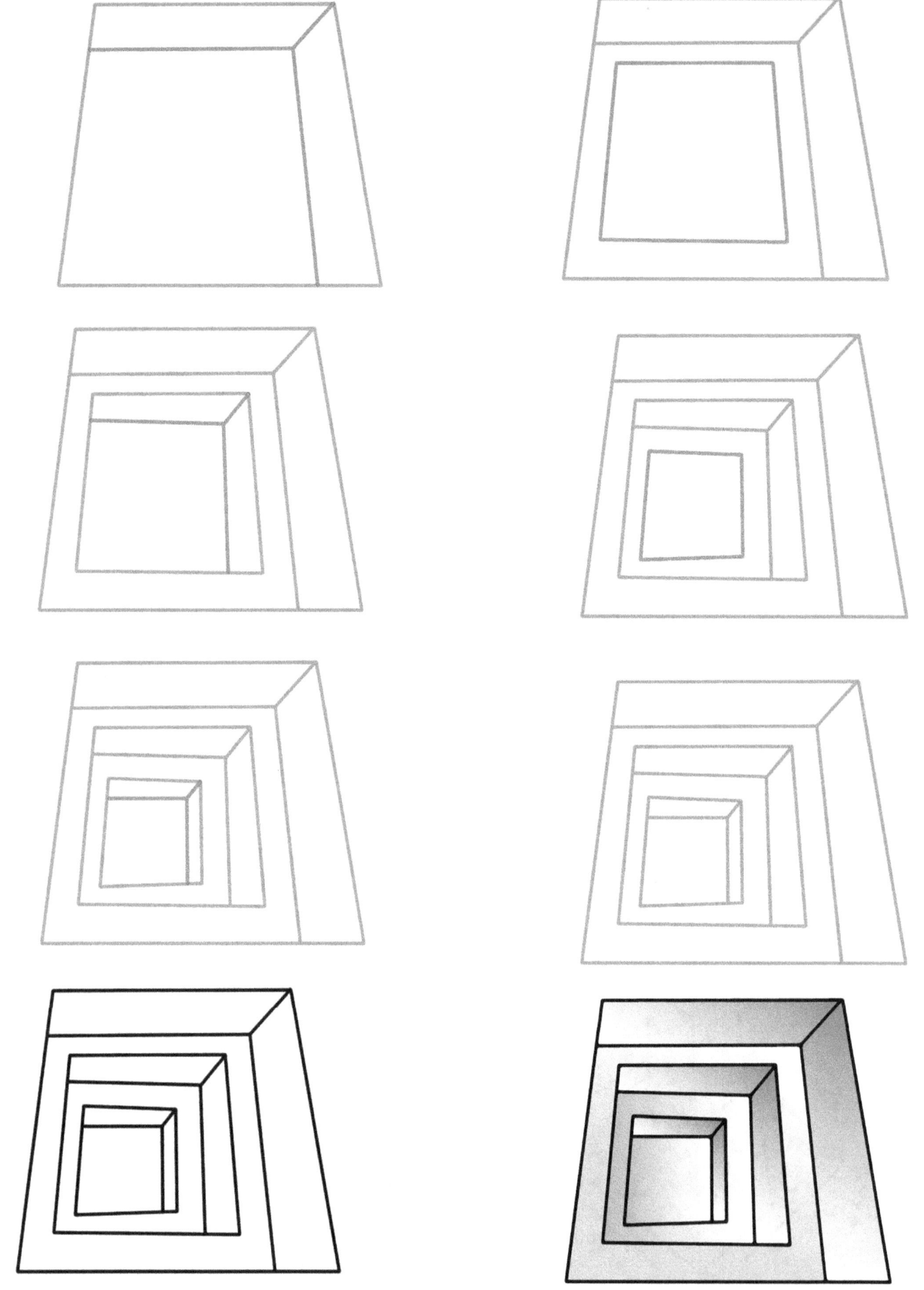

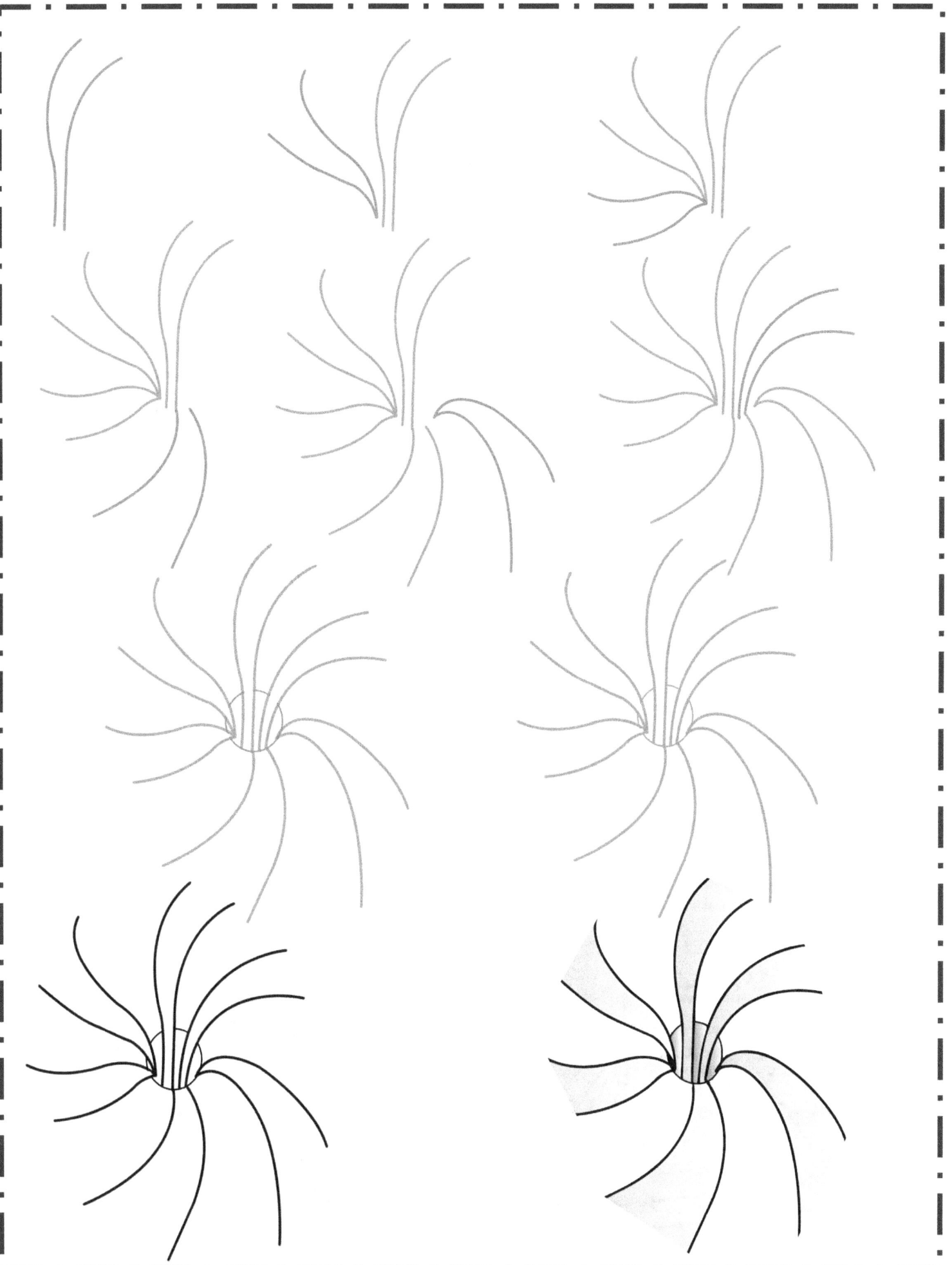

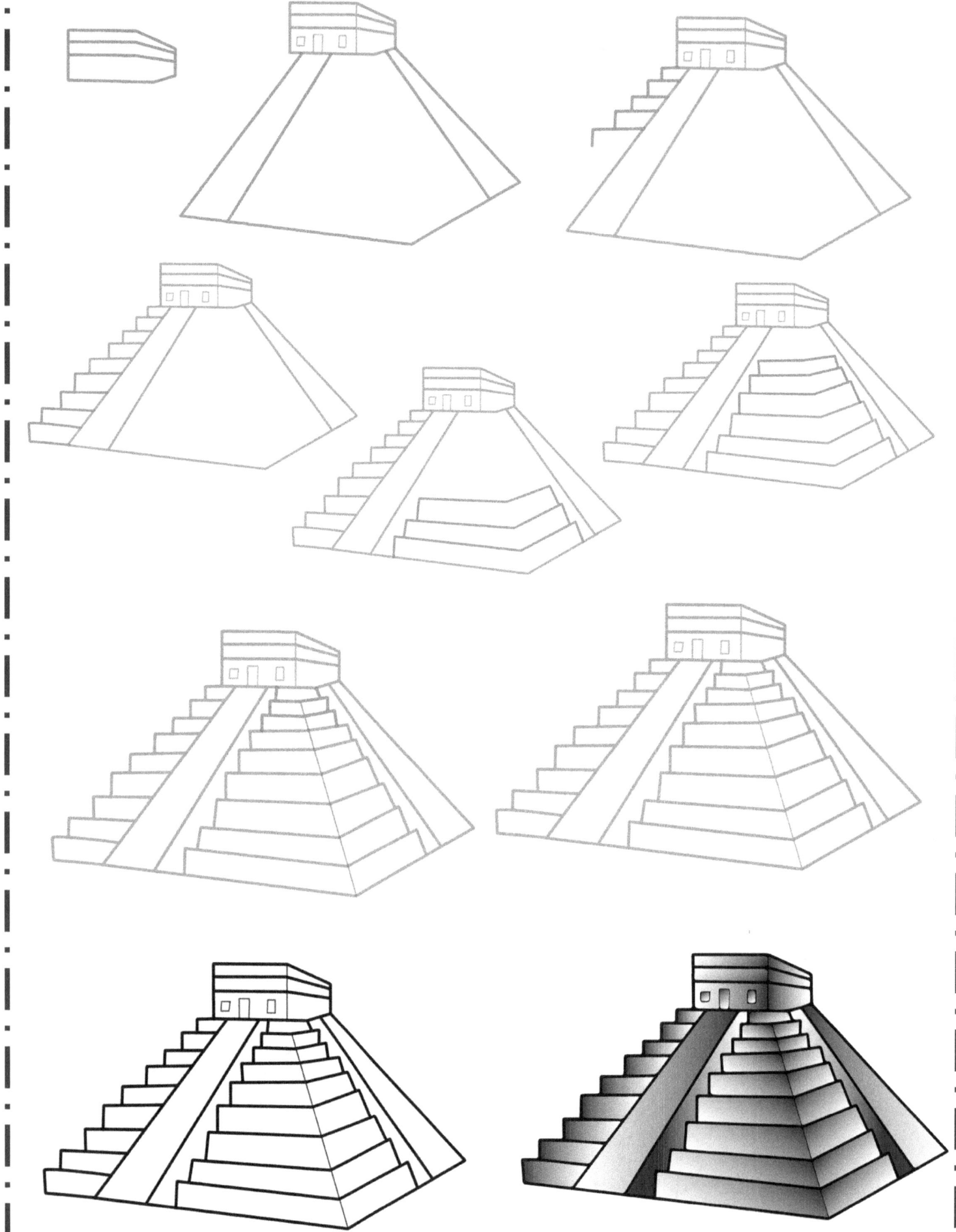

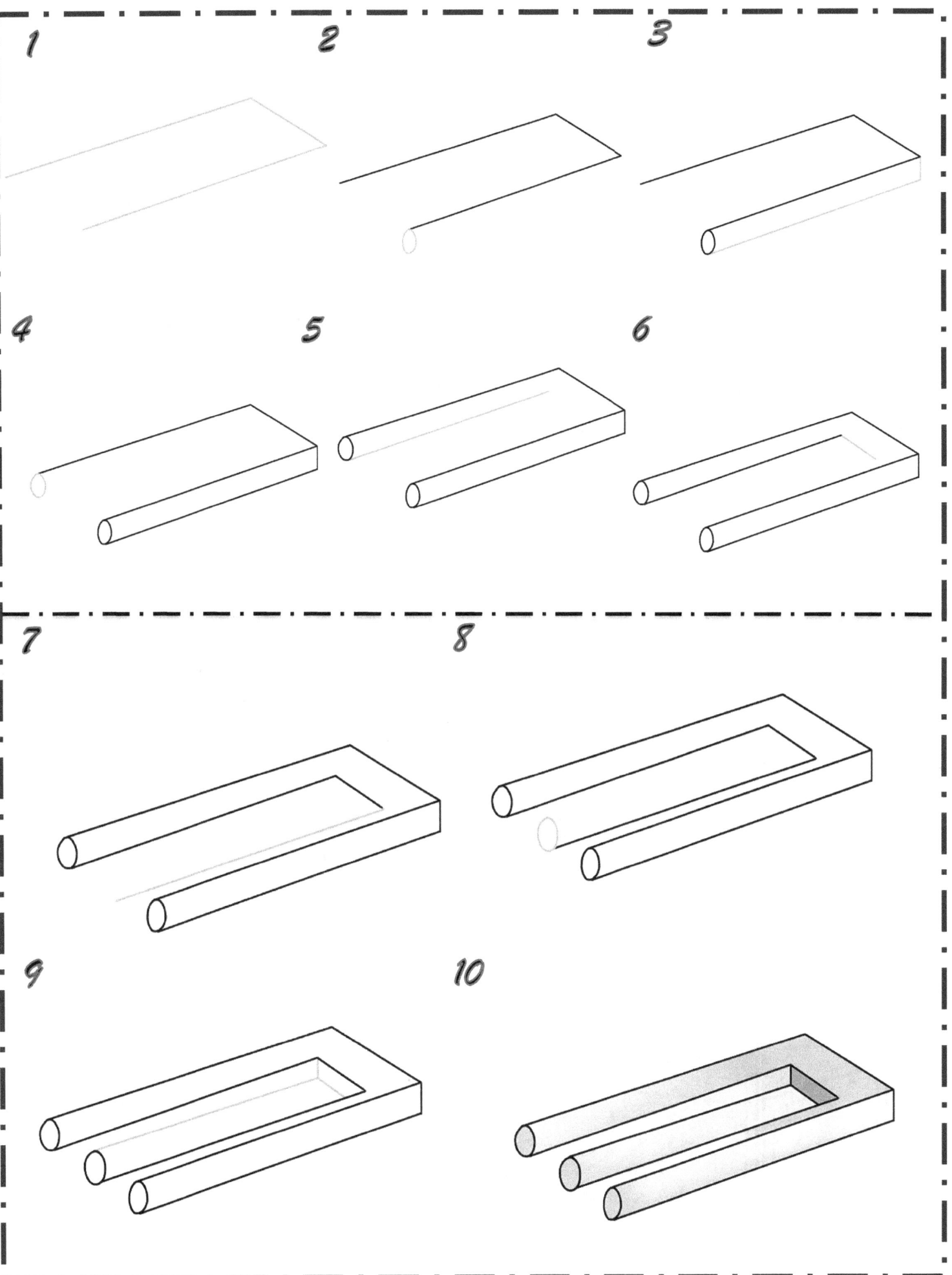

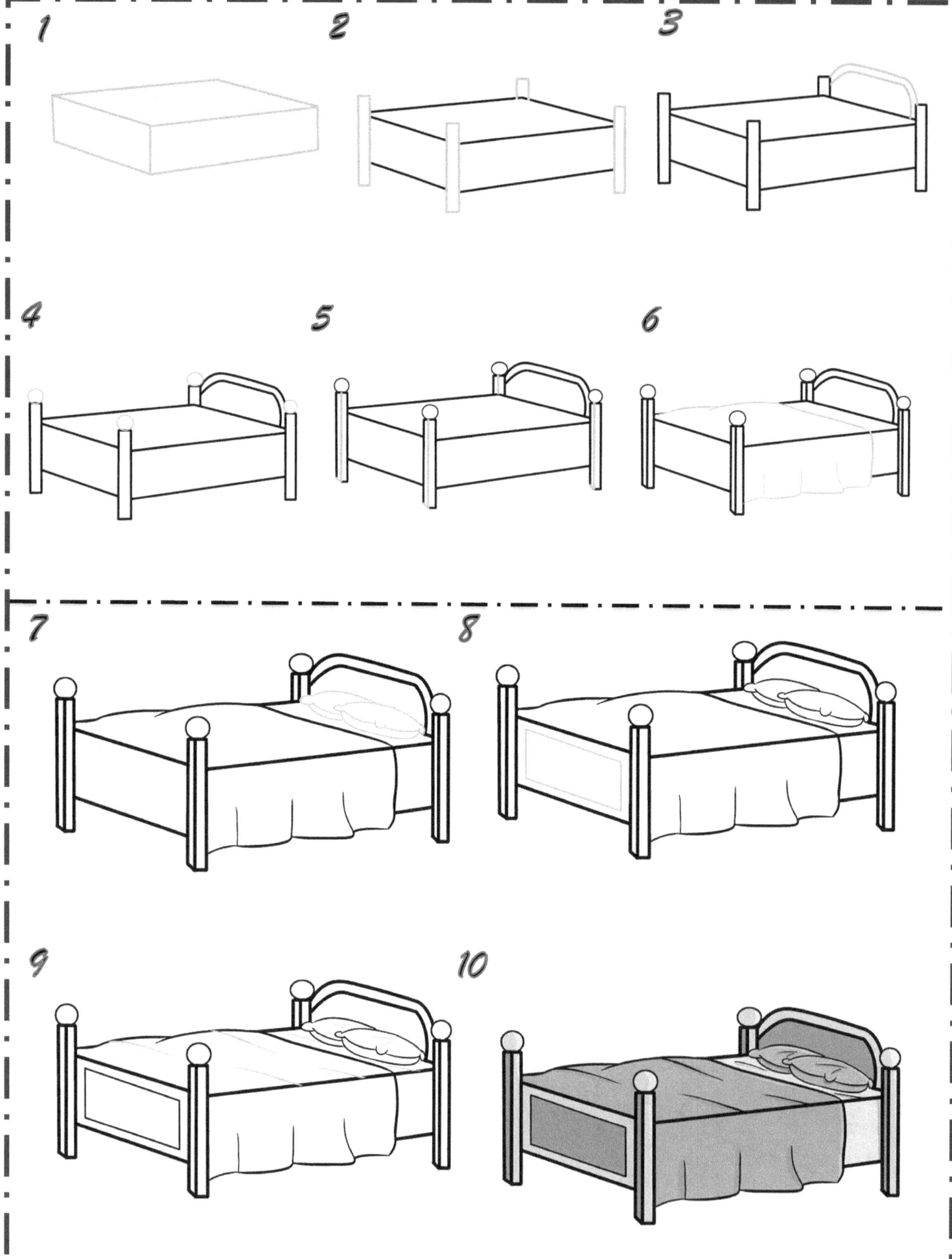

1

2

3

4

5

6

7

8

9

10

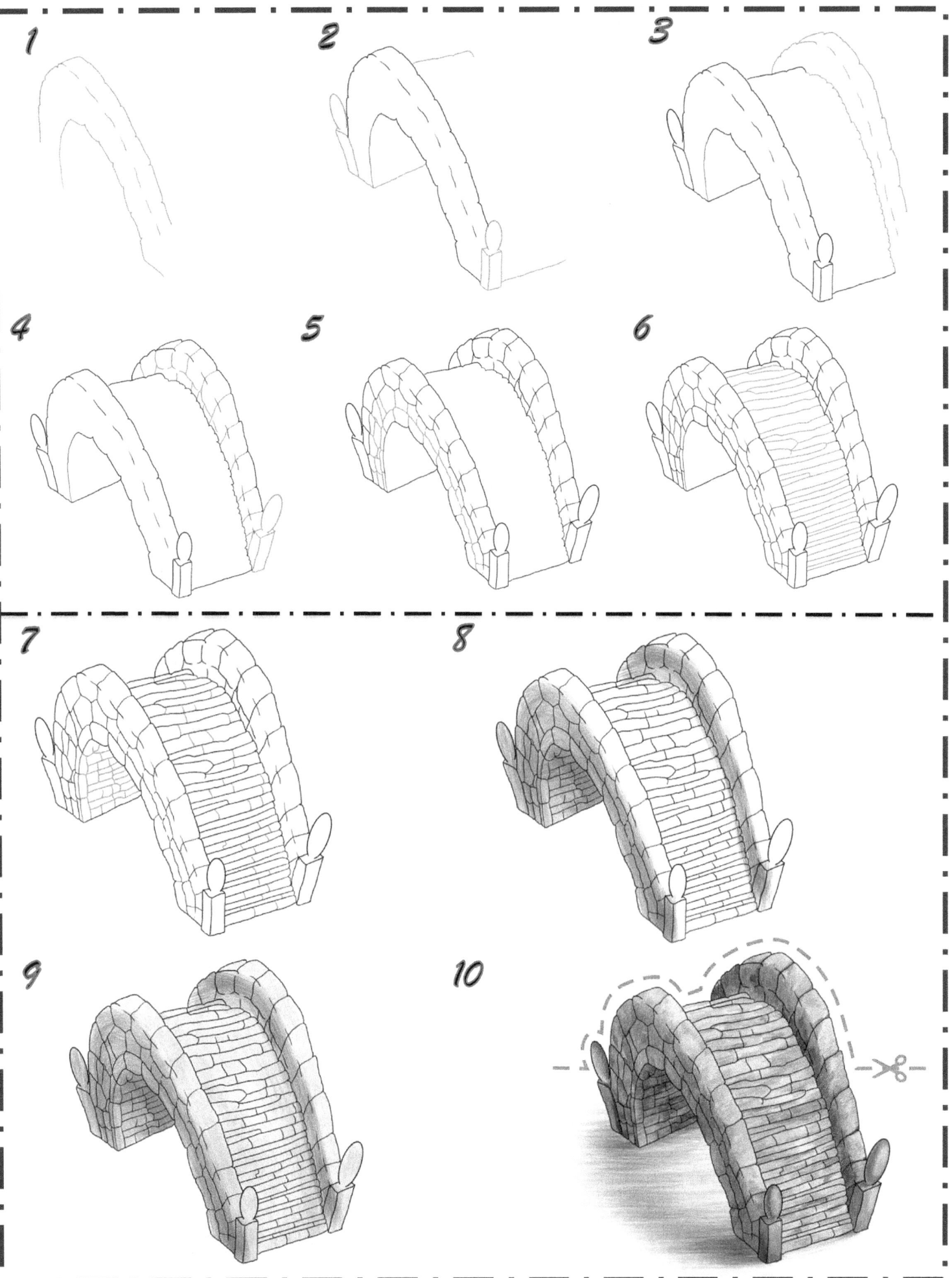

1

2

3

4

5

6

7

8

9

10

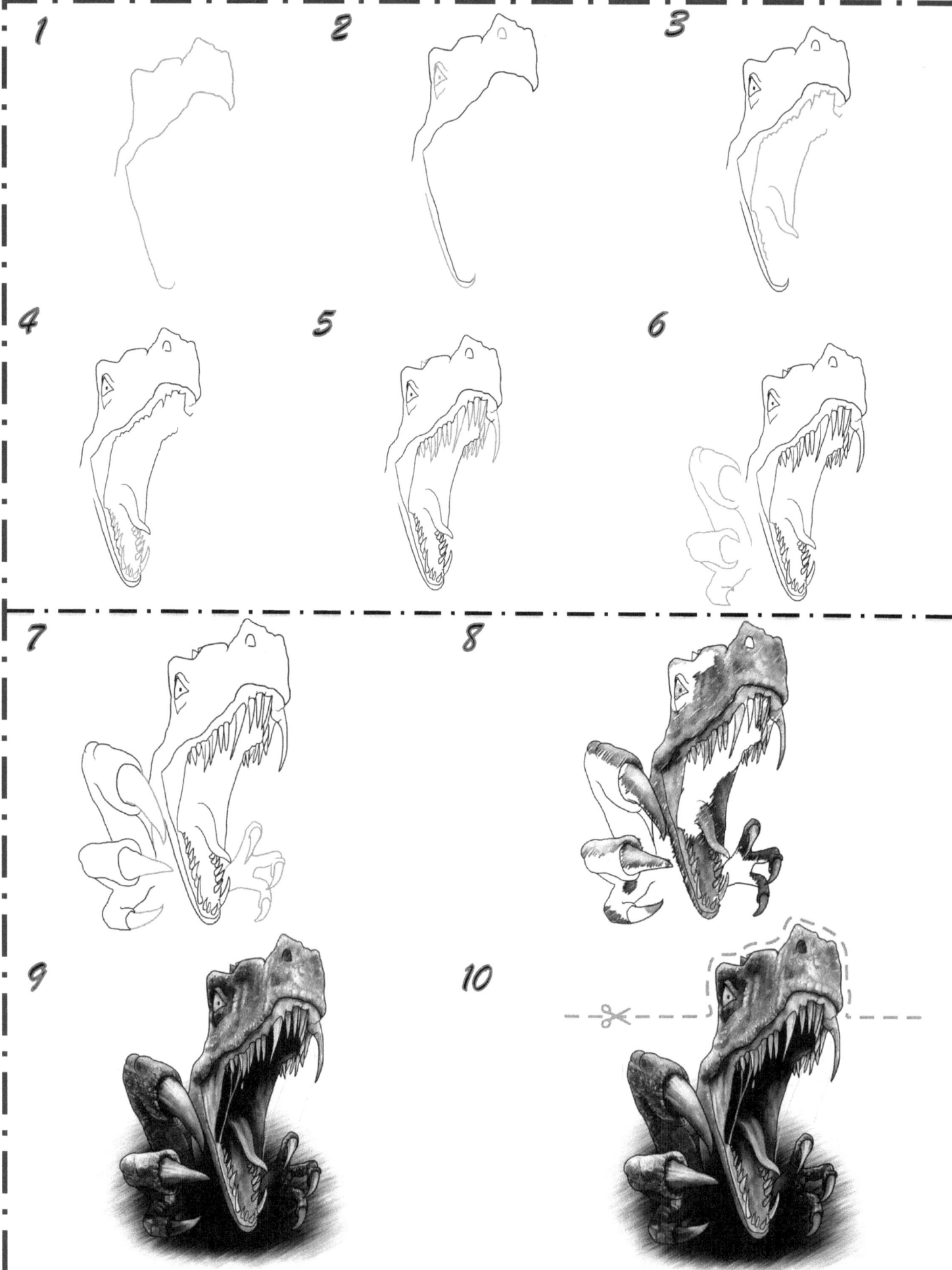

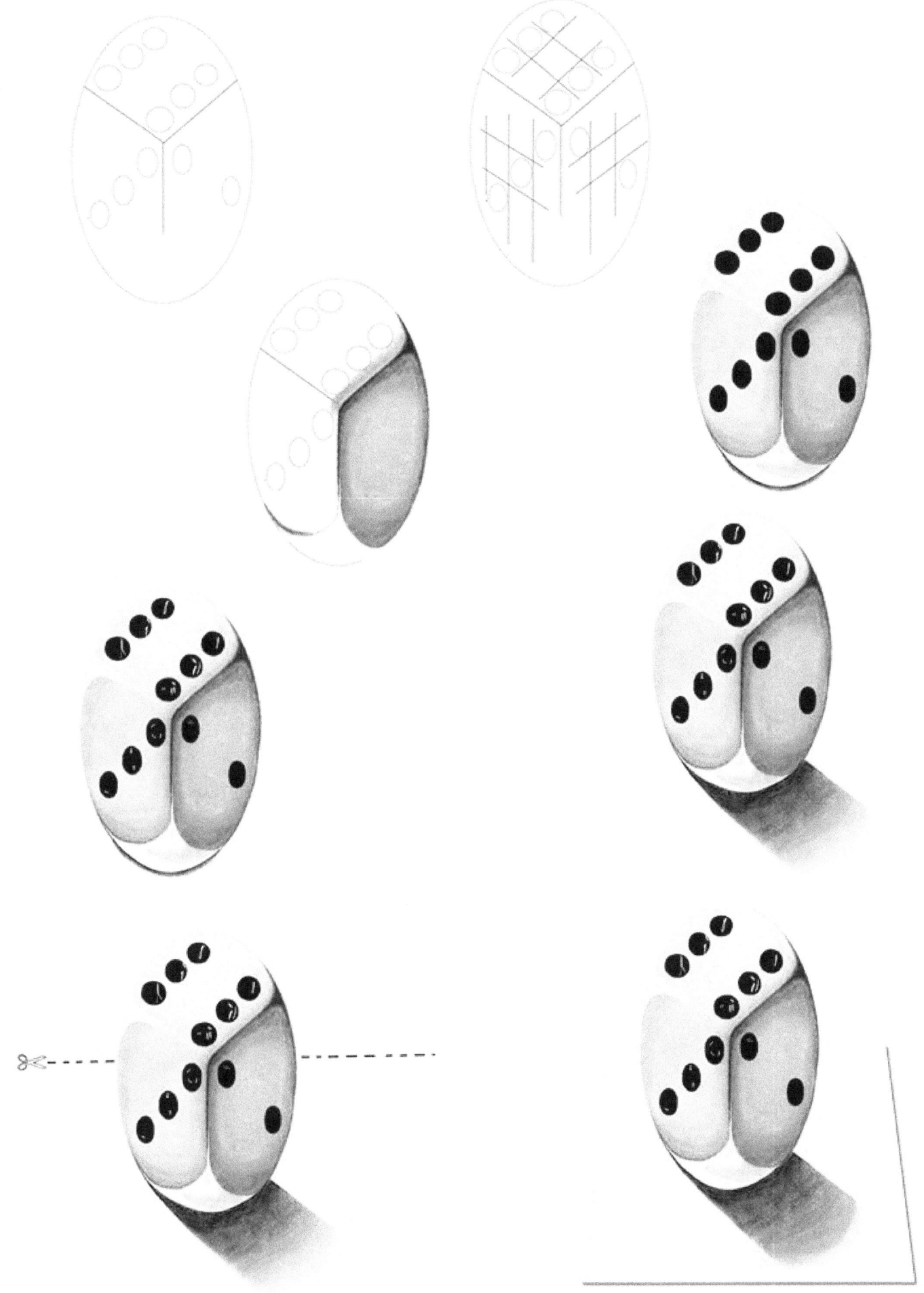

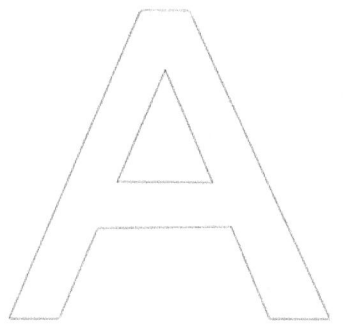
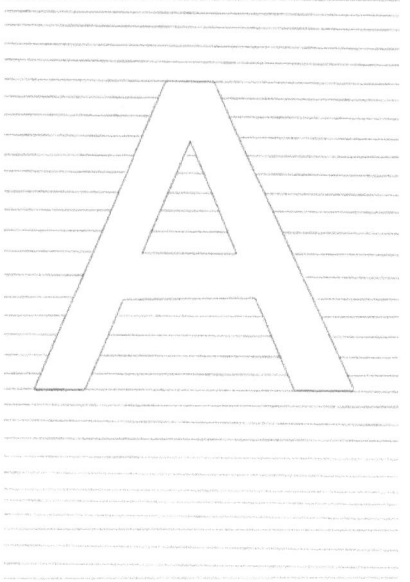
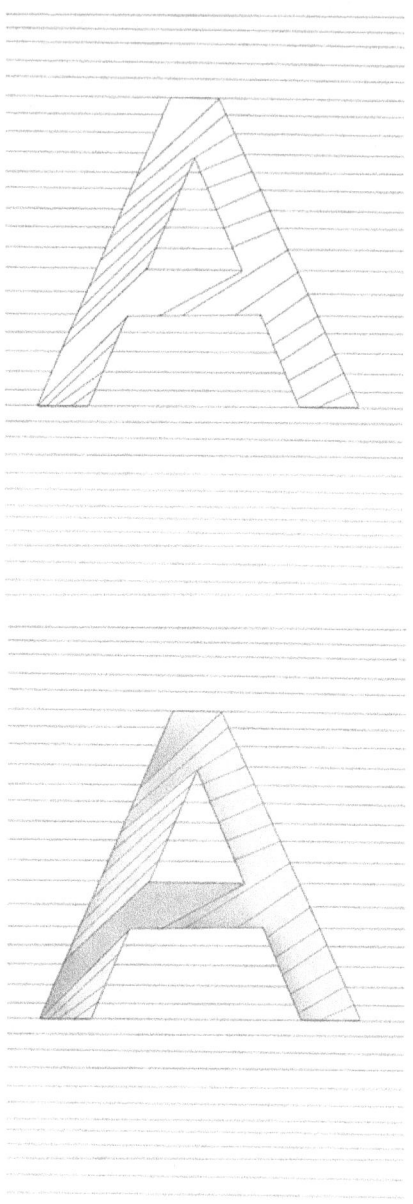
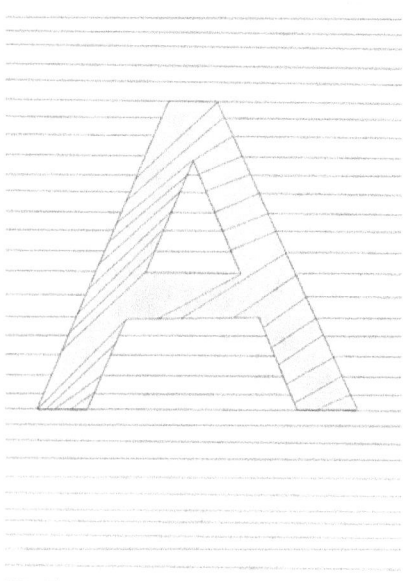
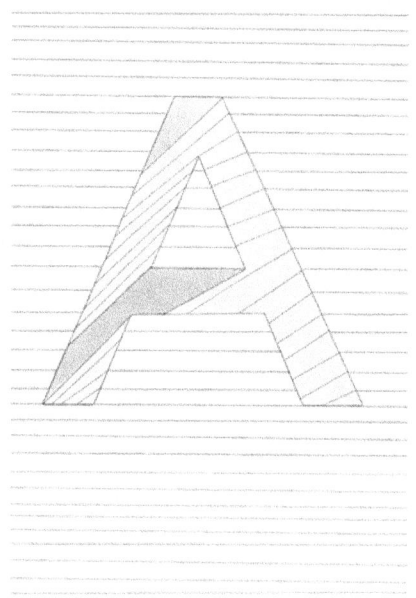
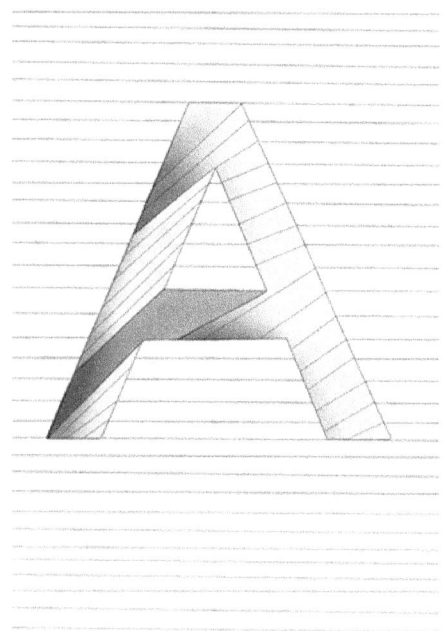
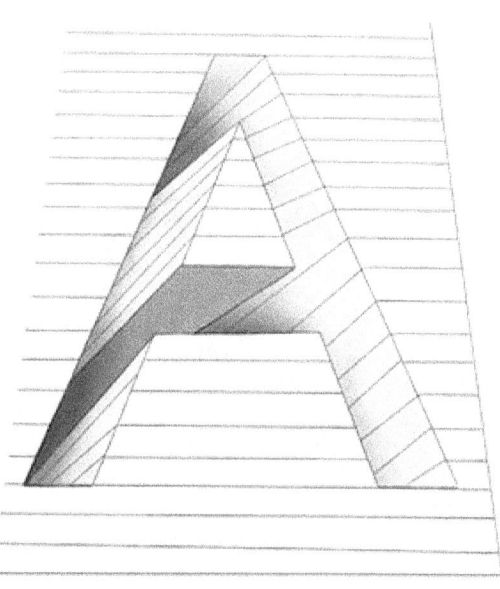

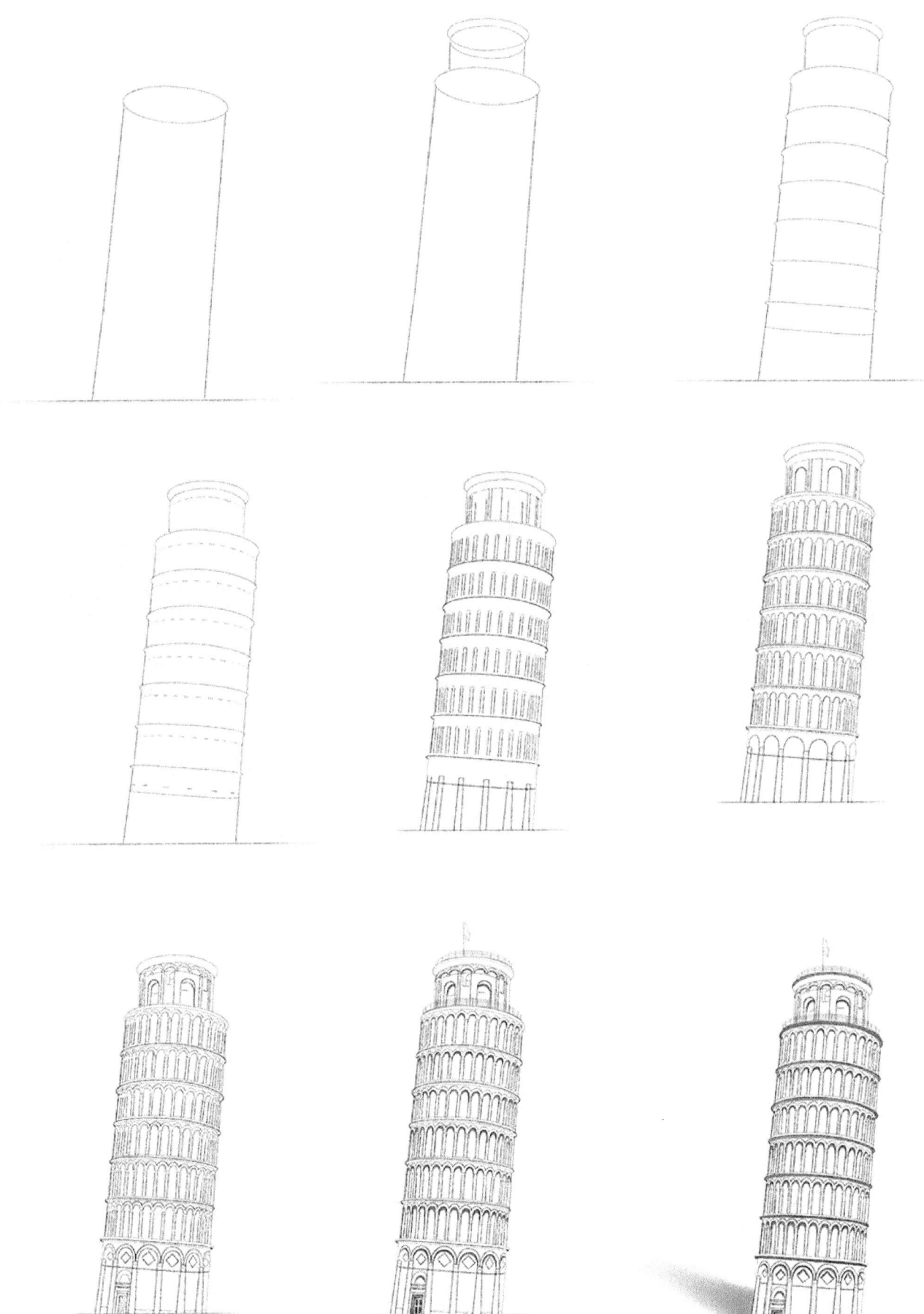

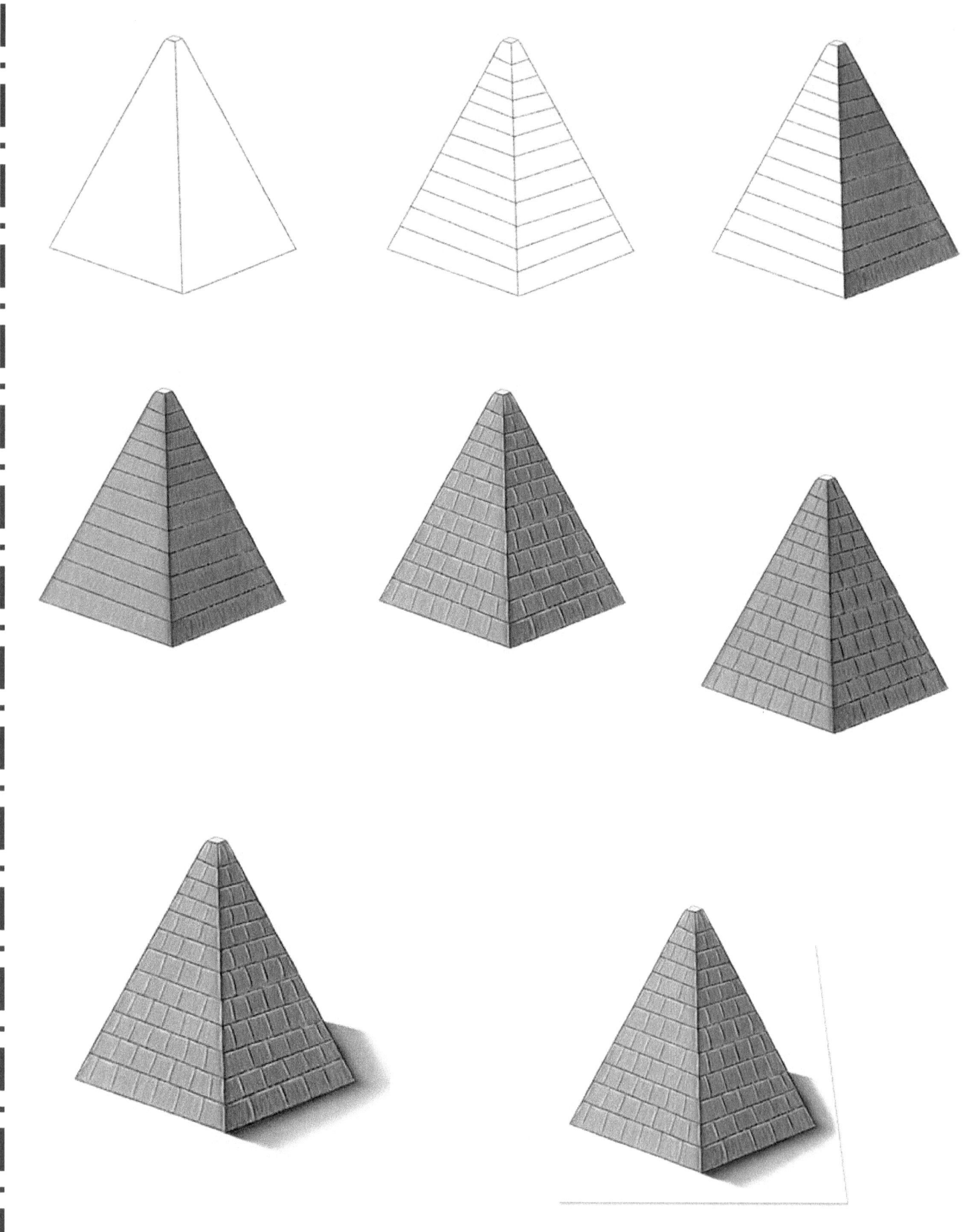

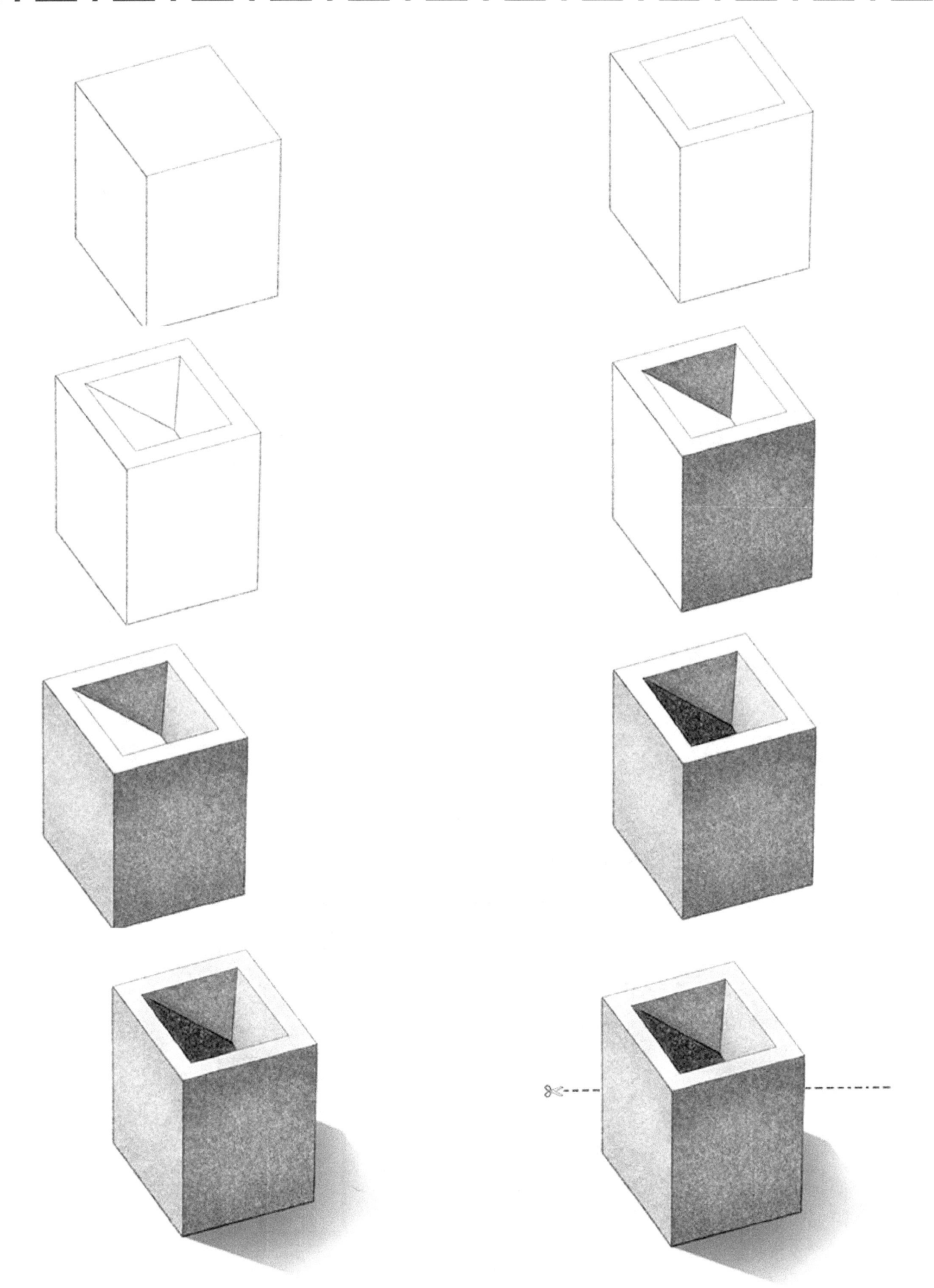

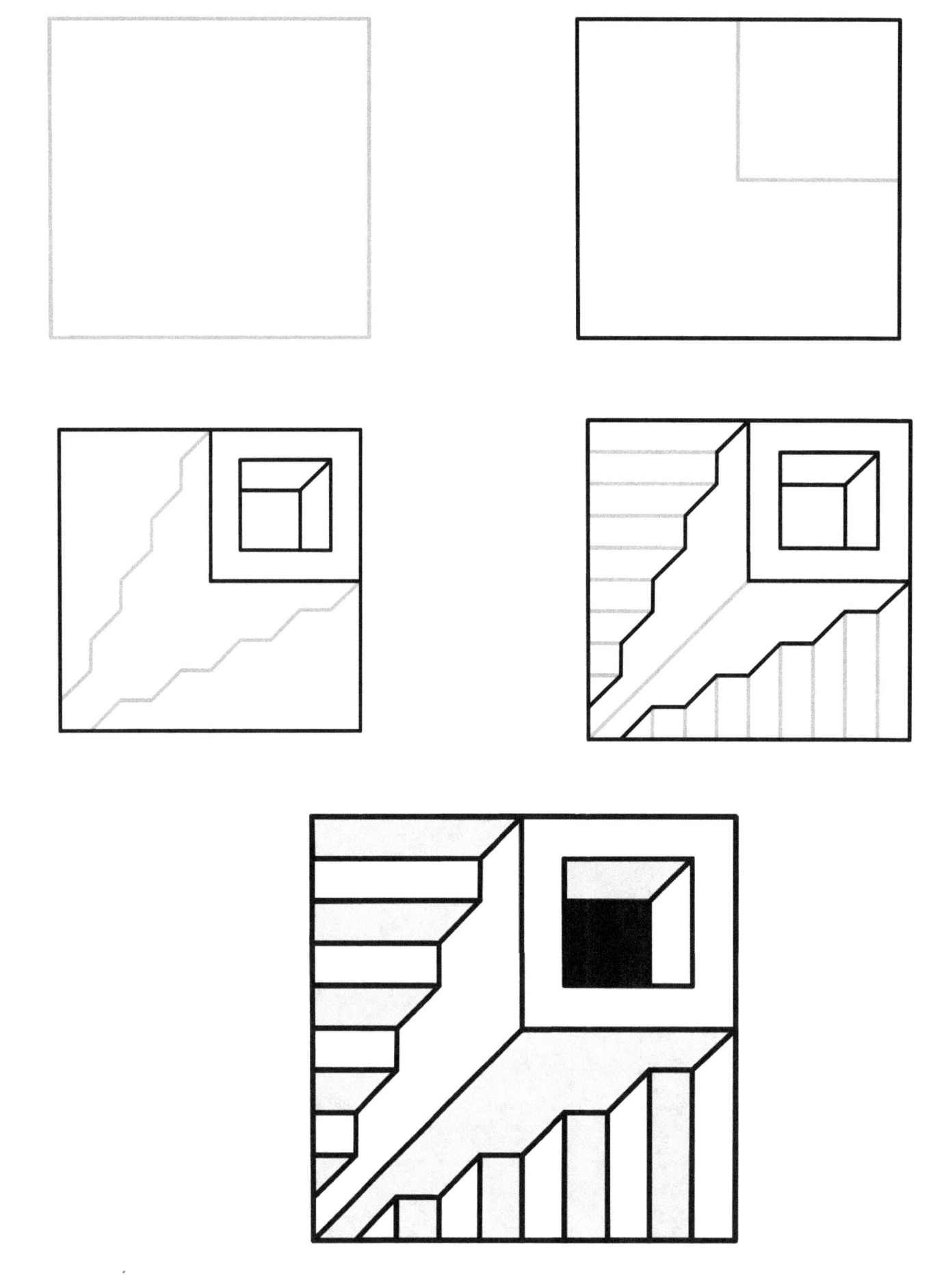

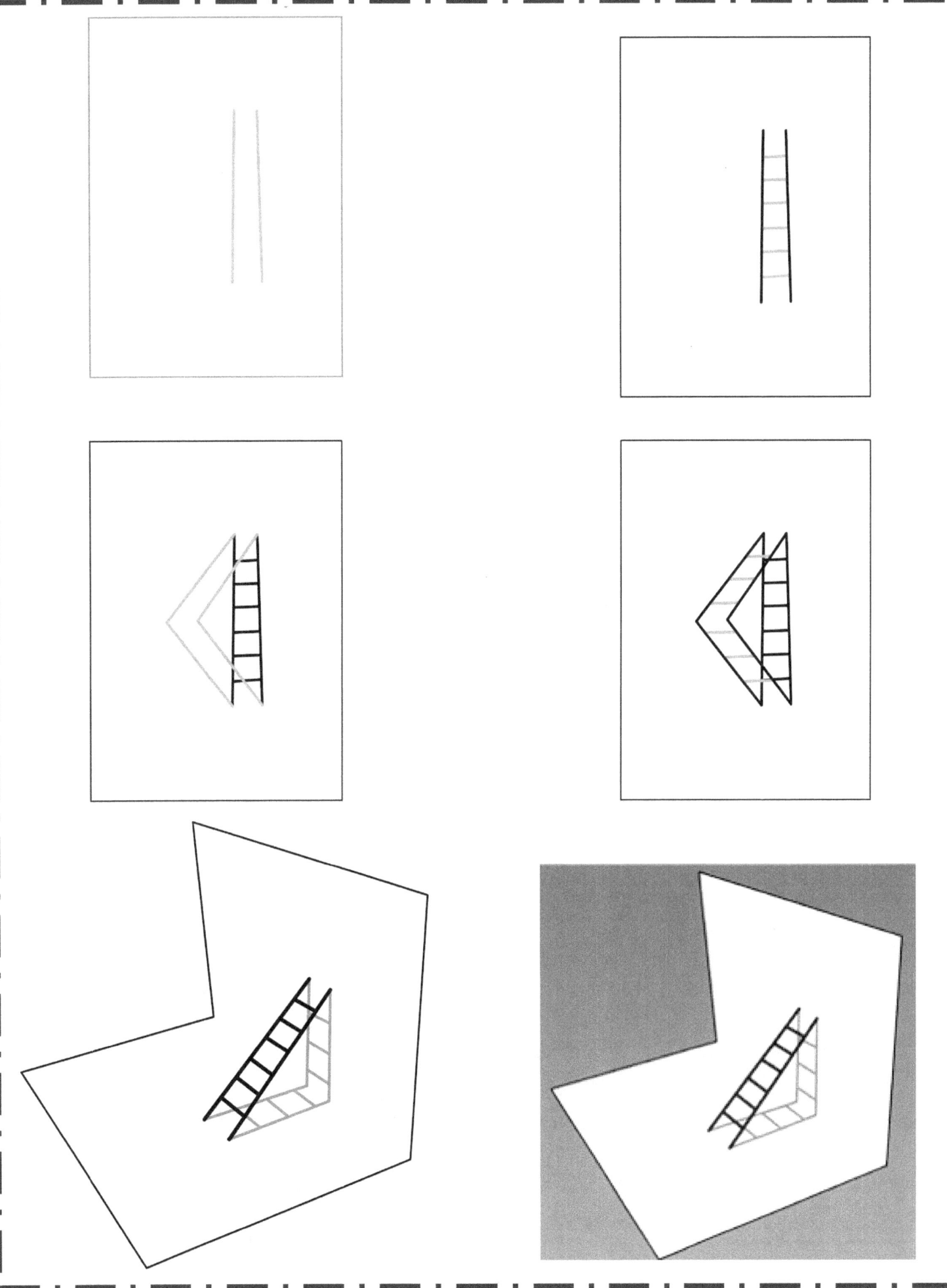

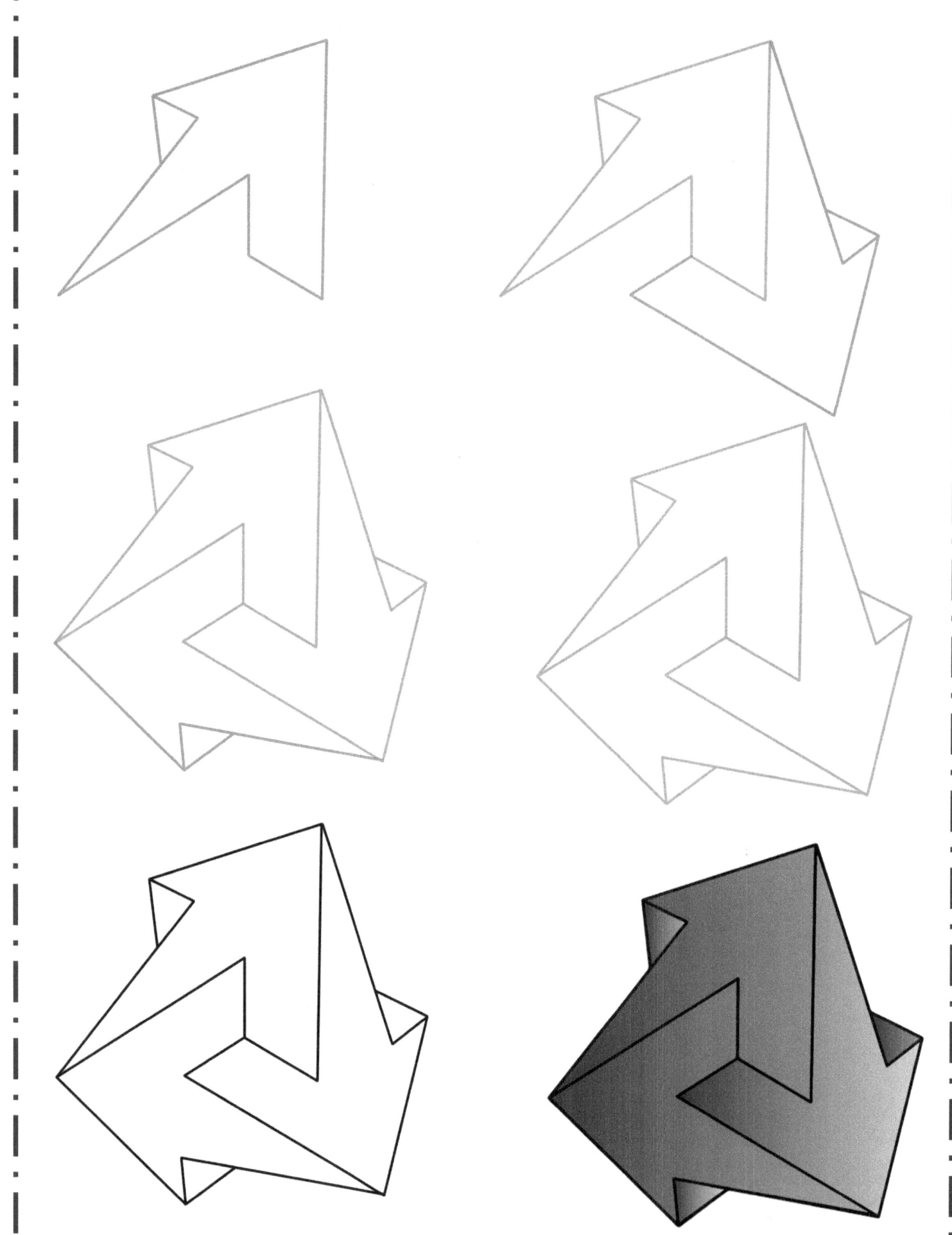

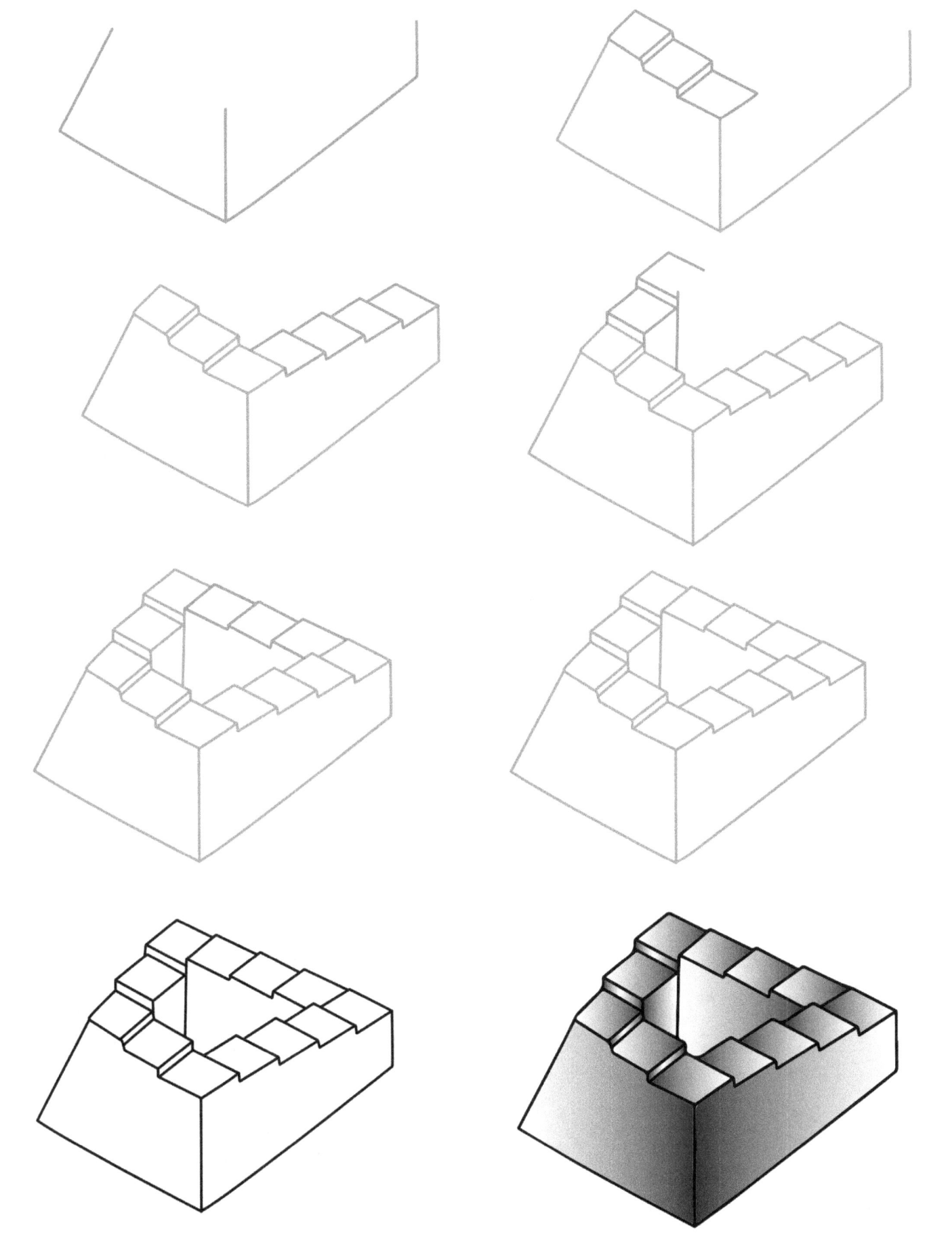

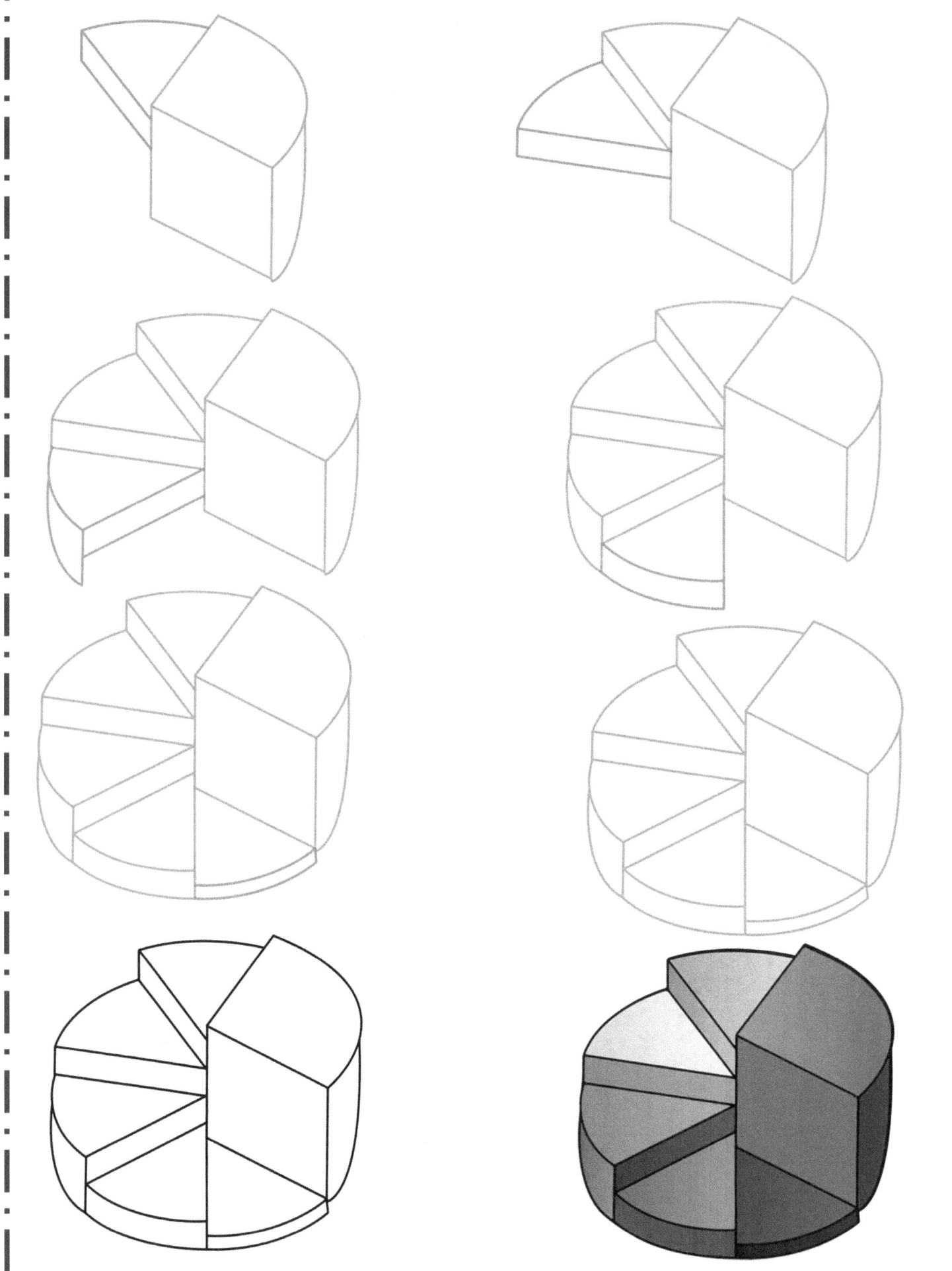

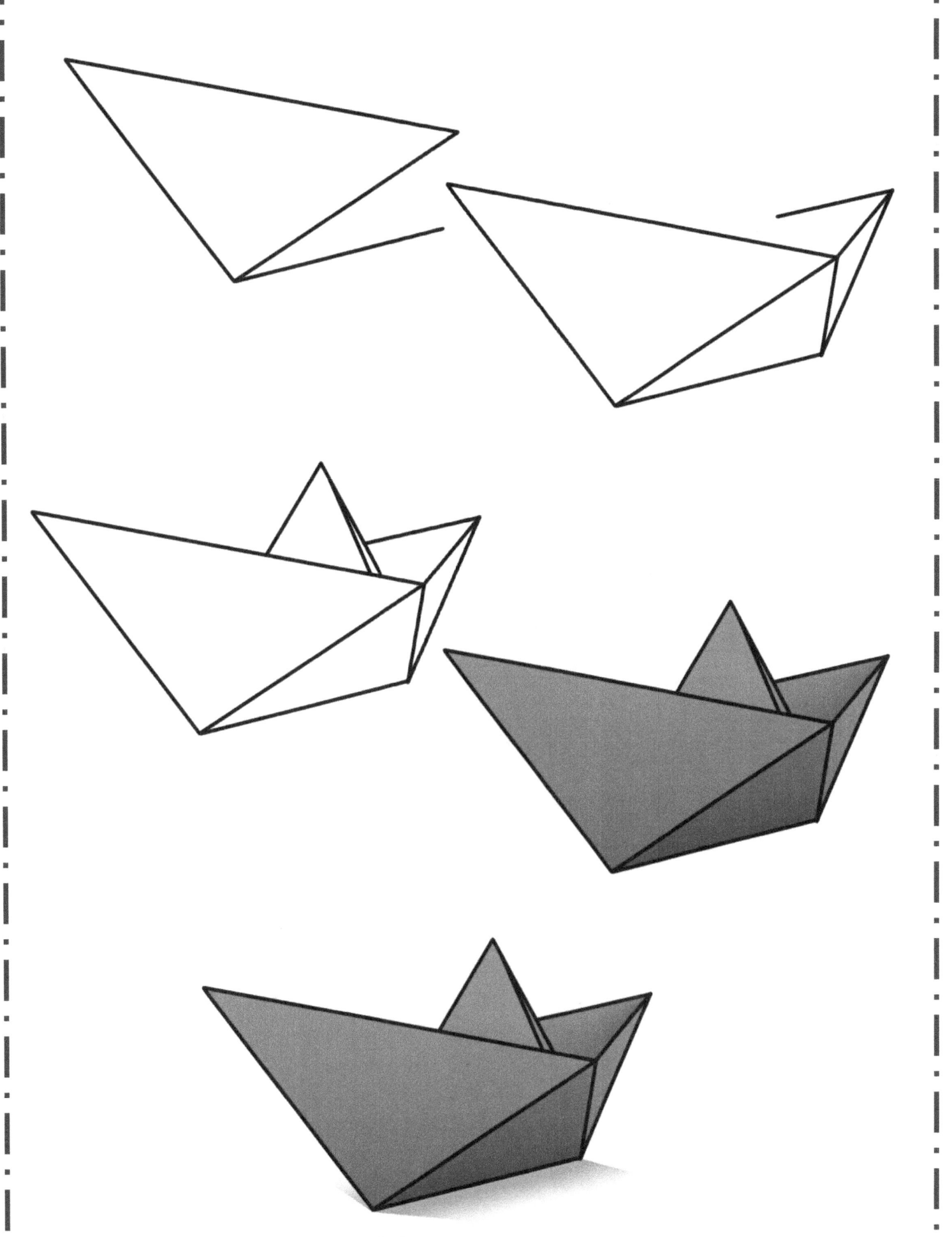

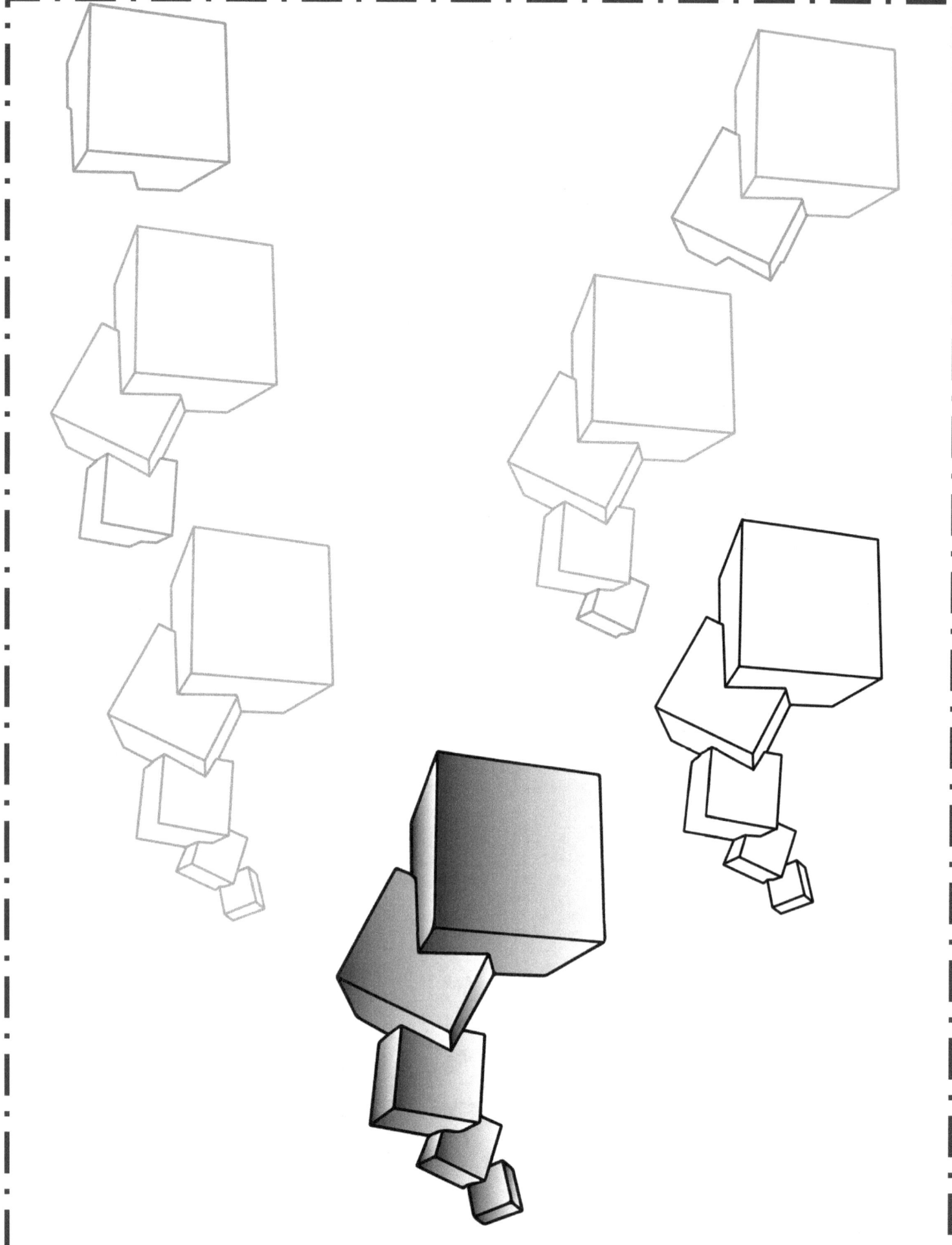

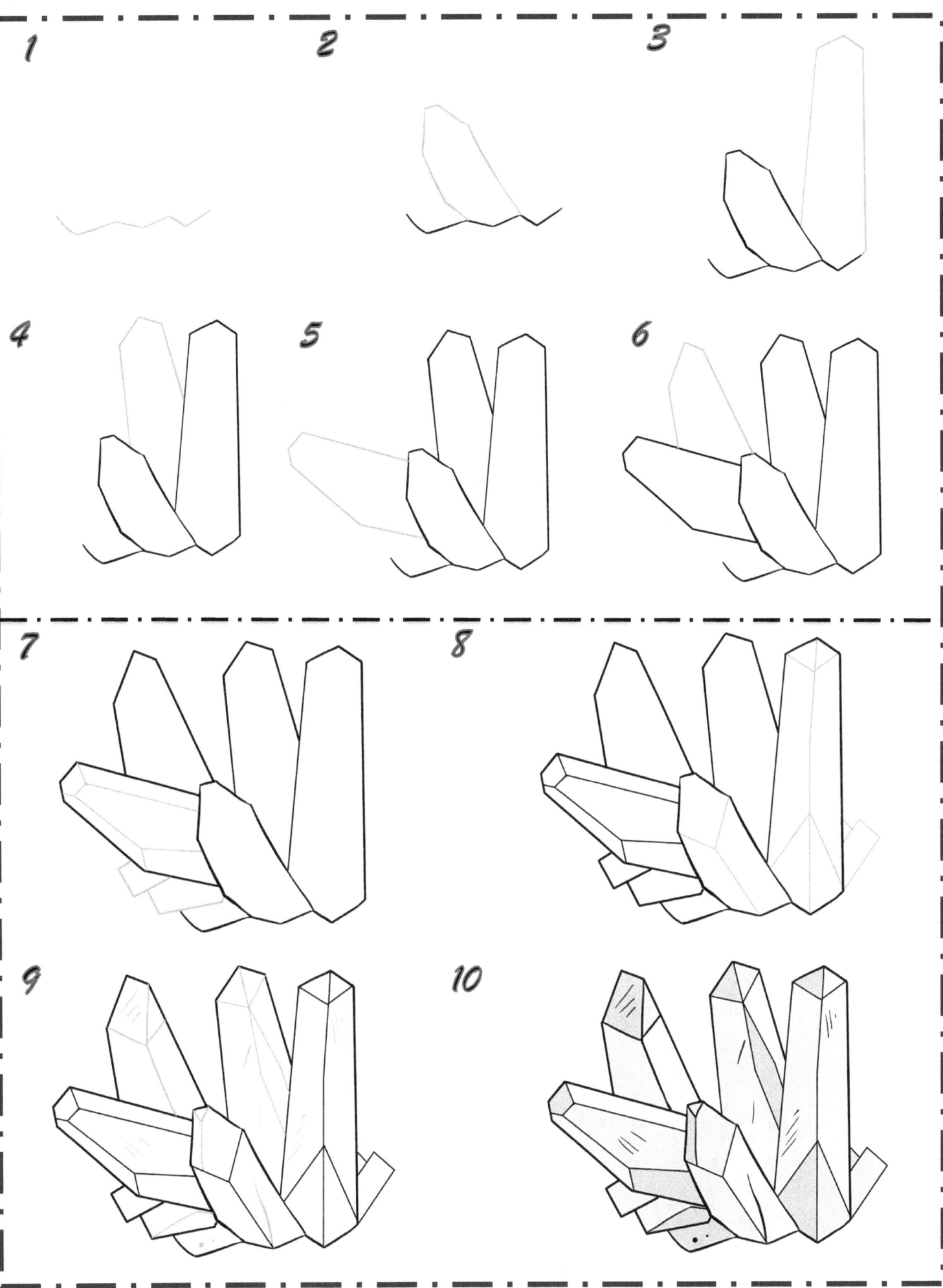

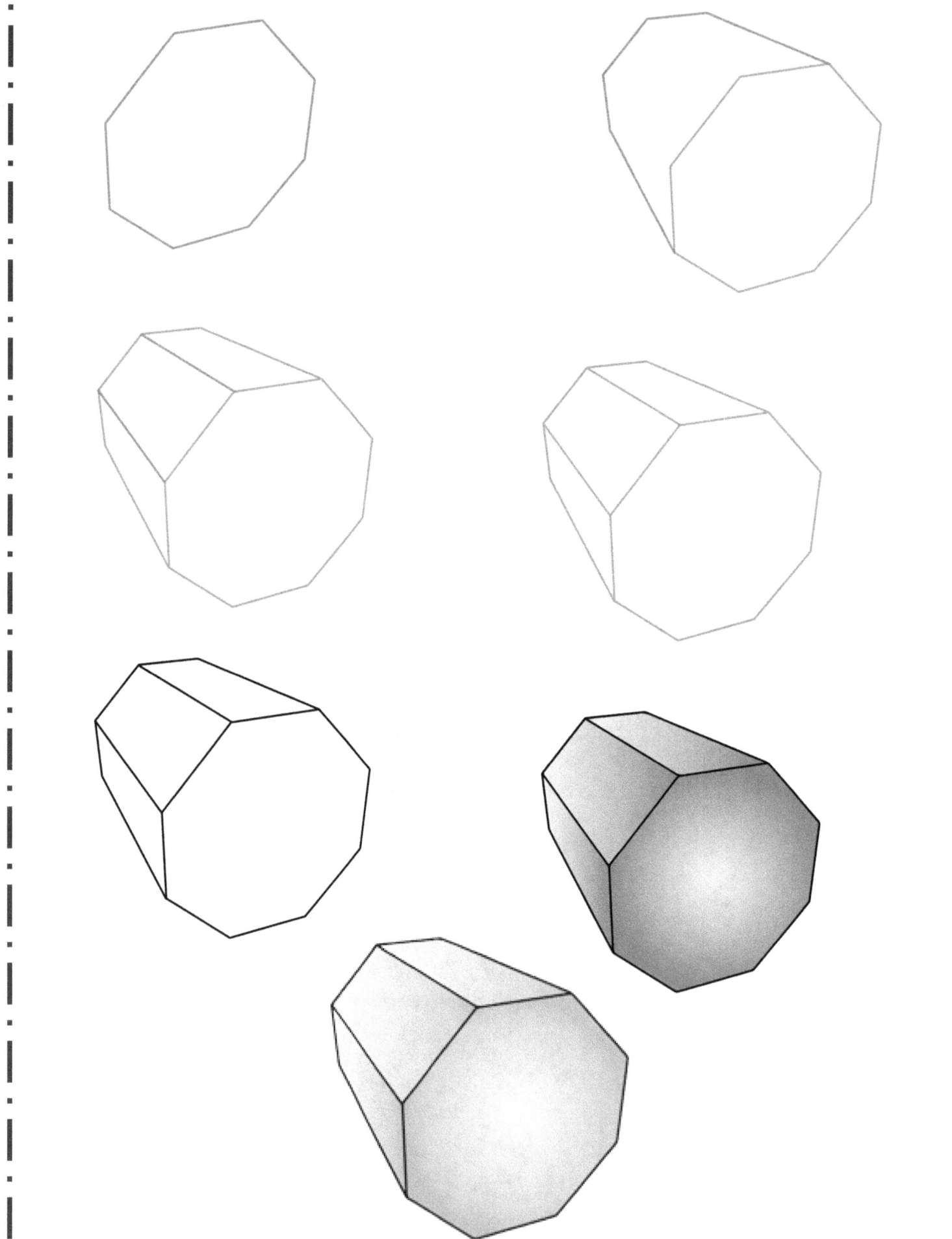

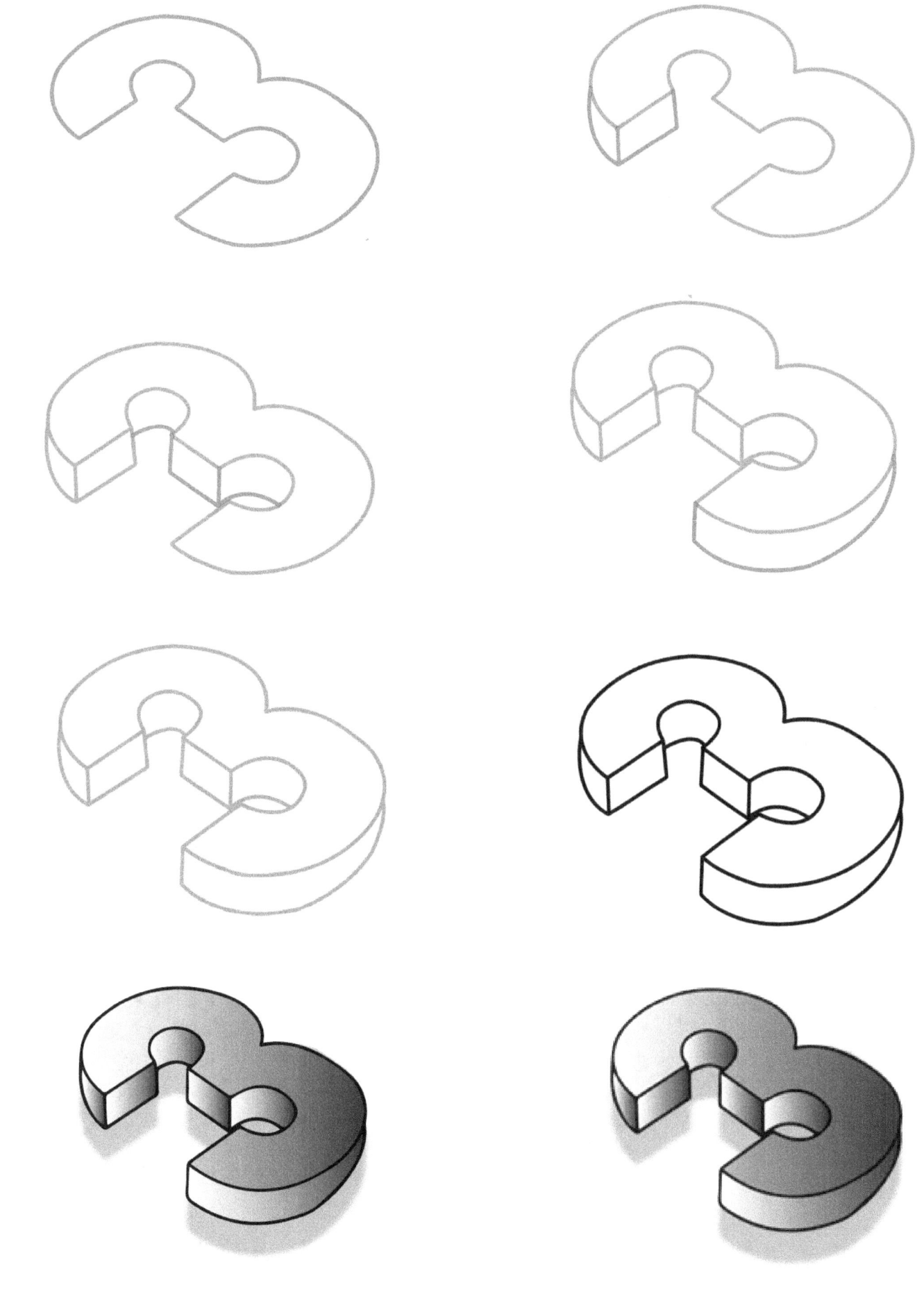

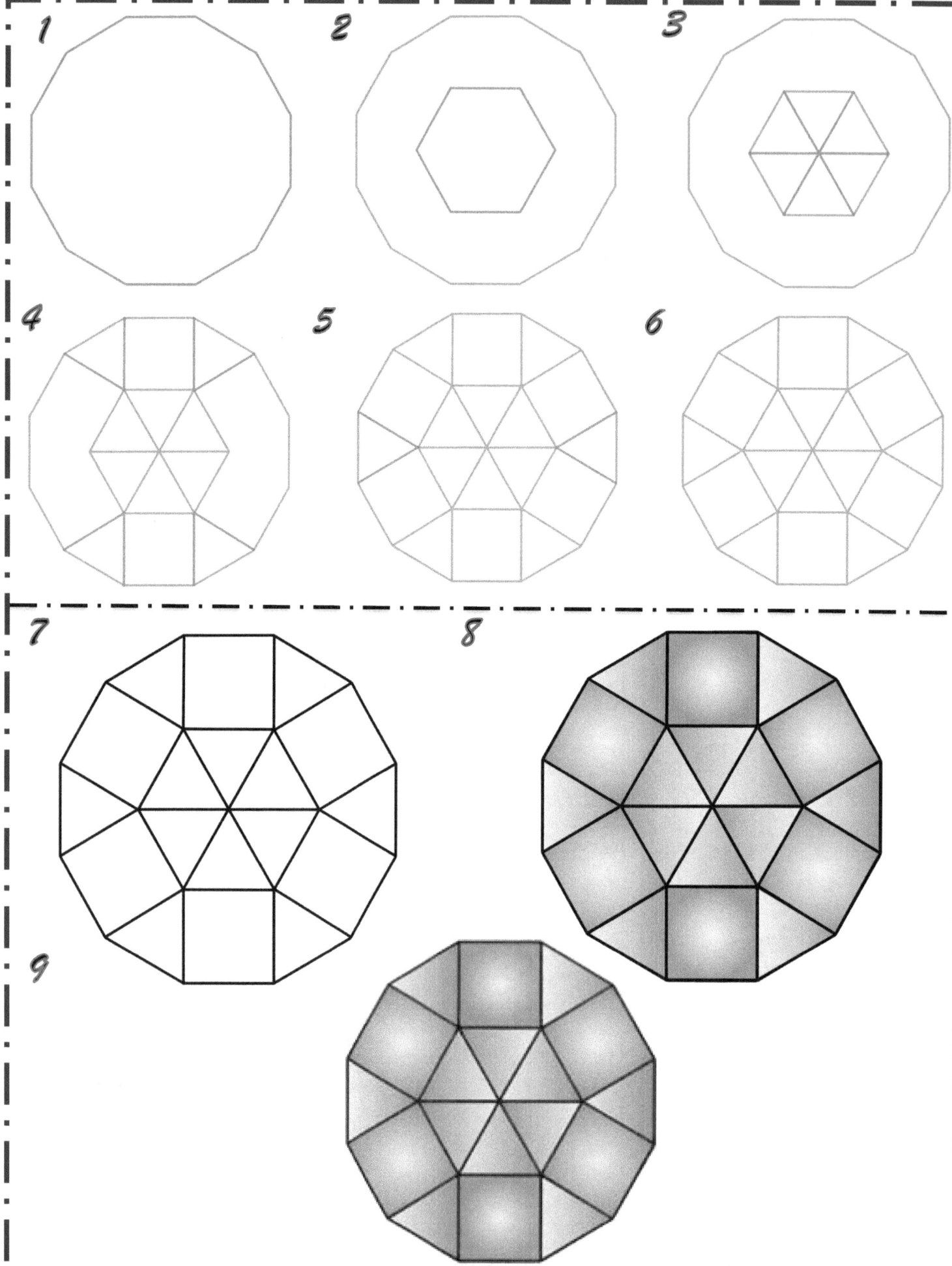

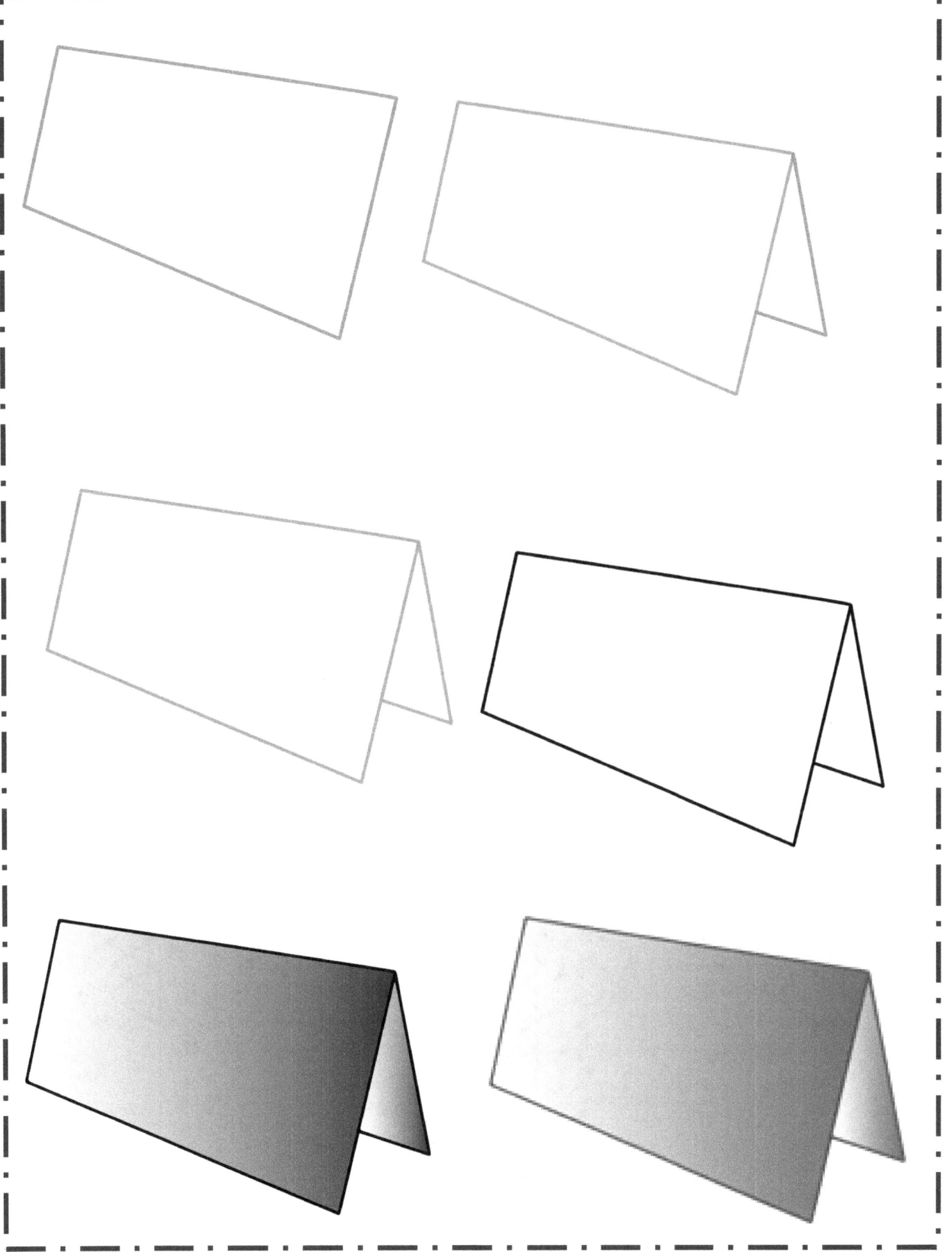

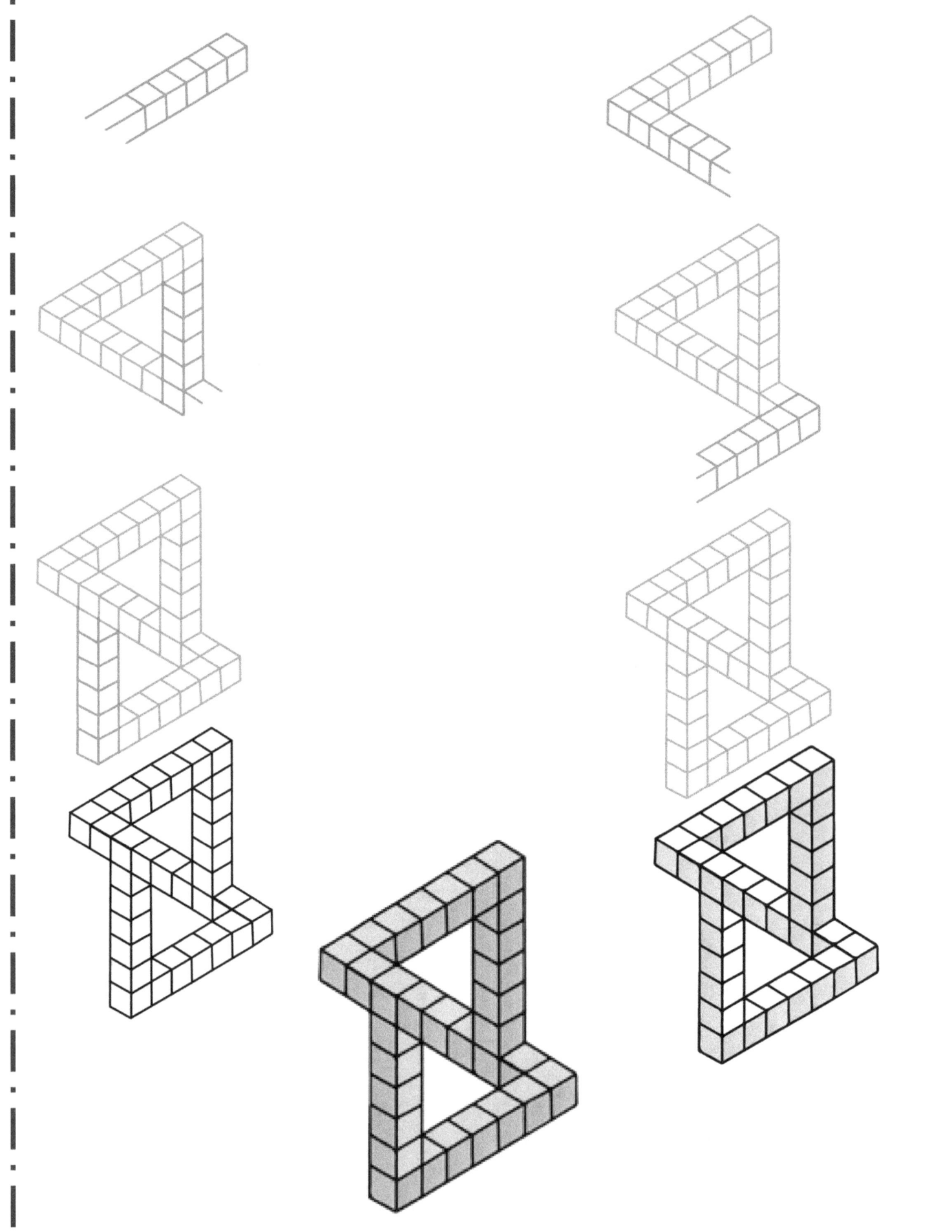

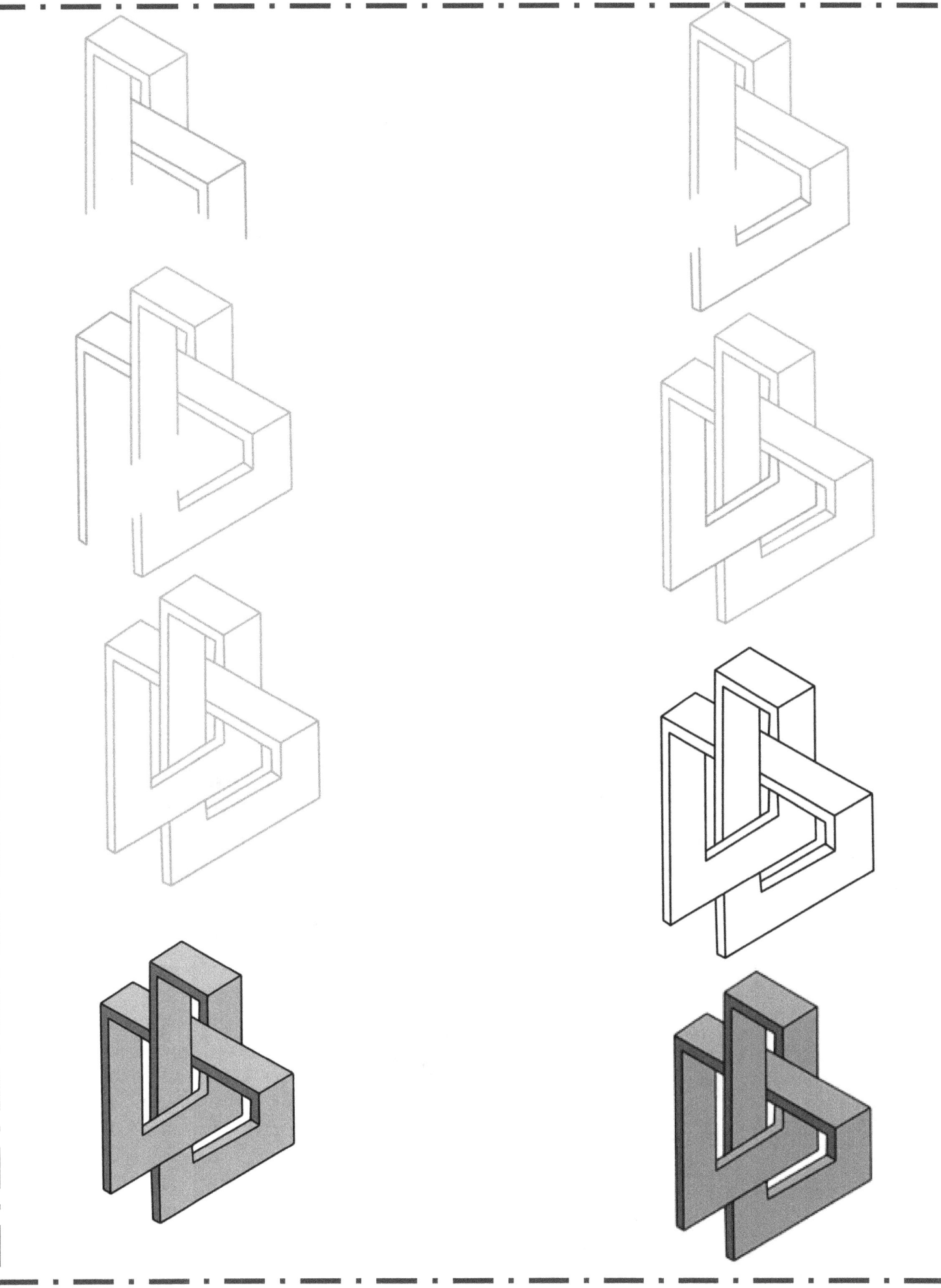

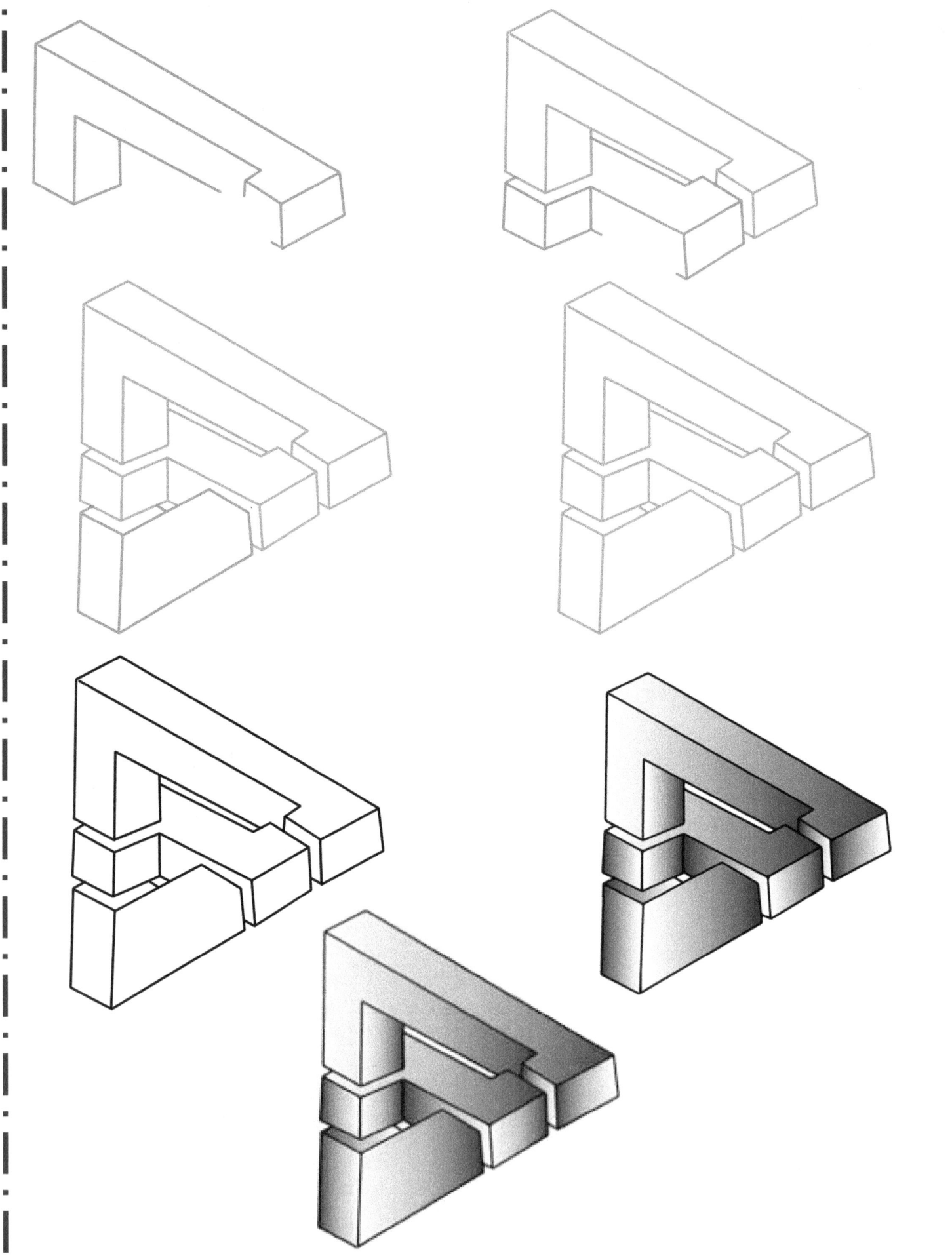

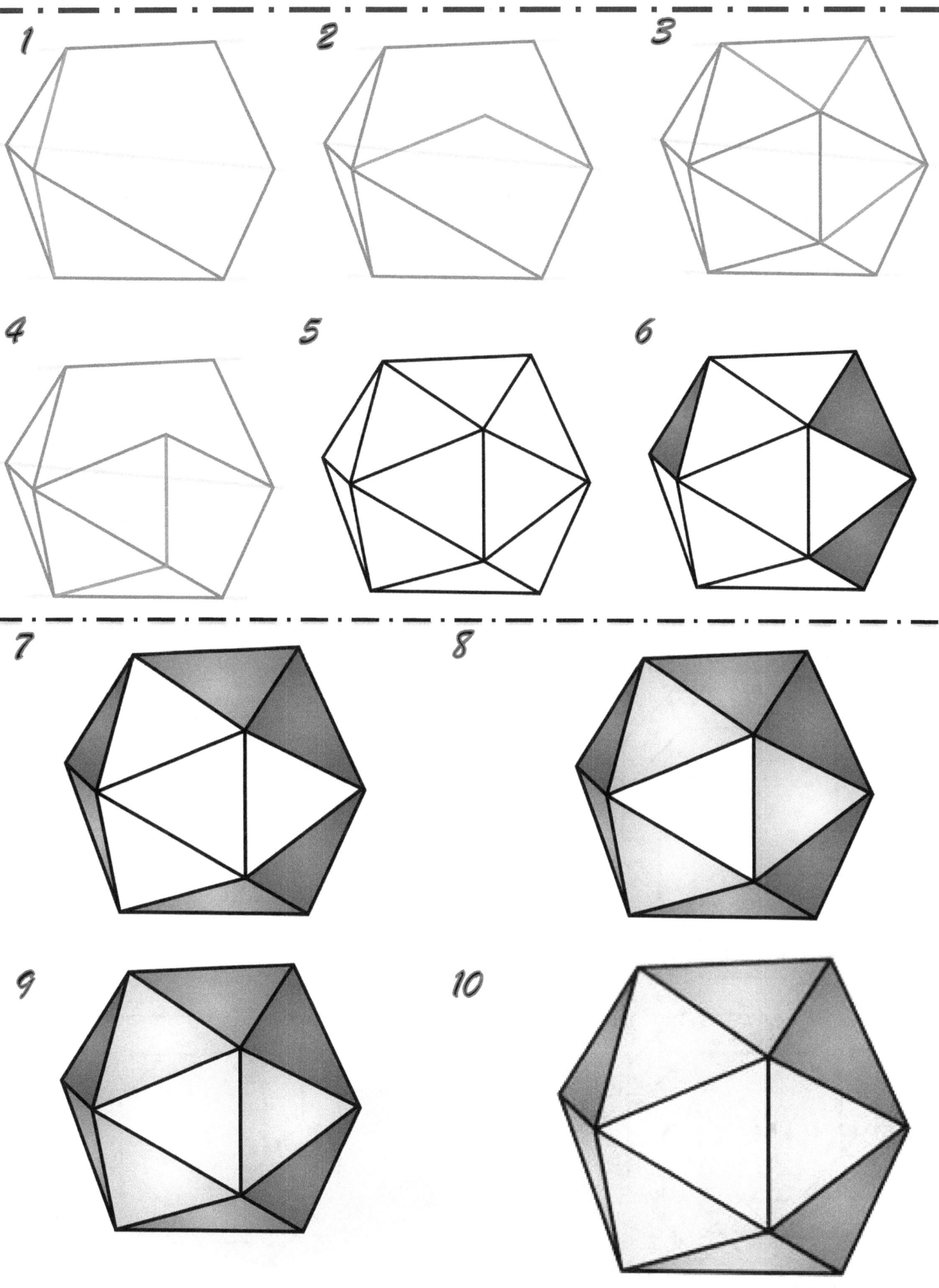

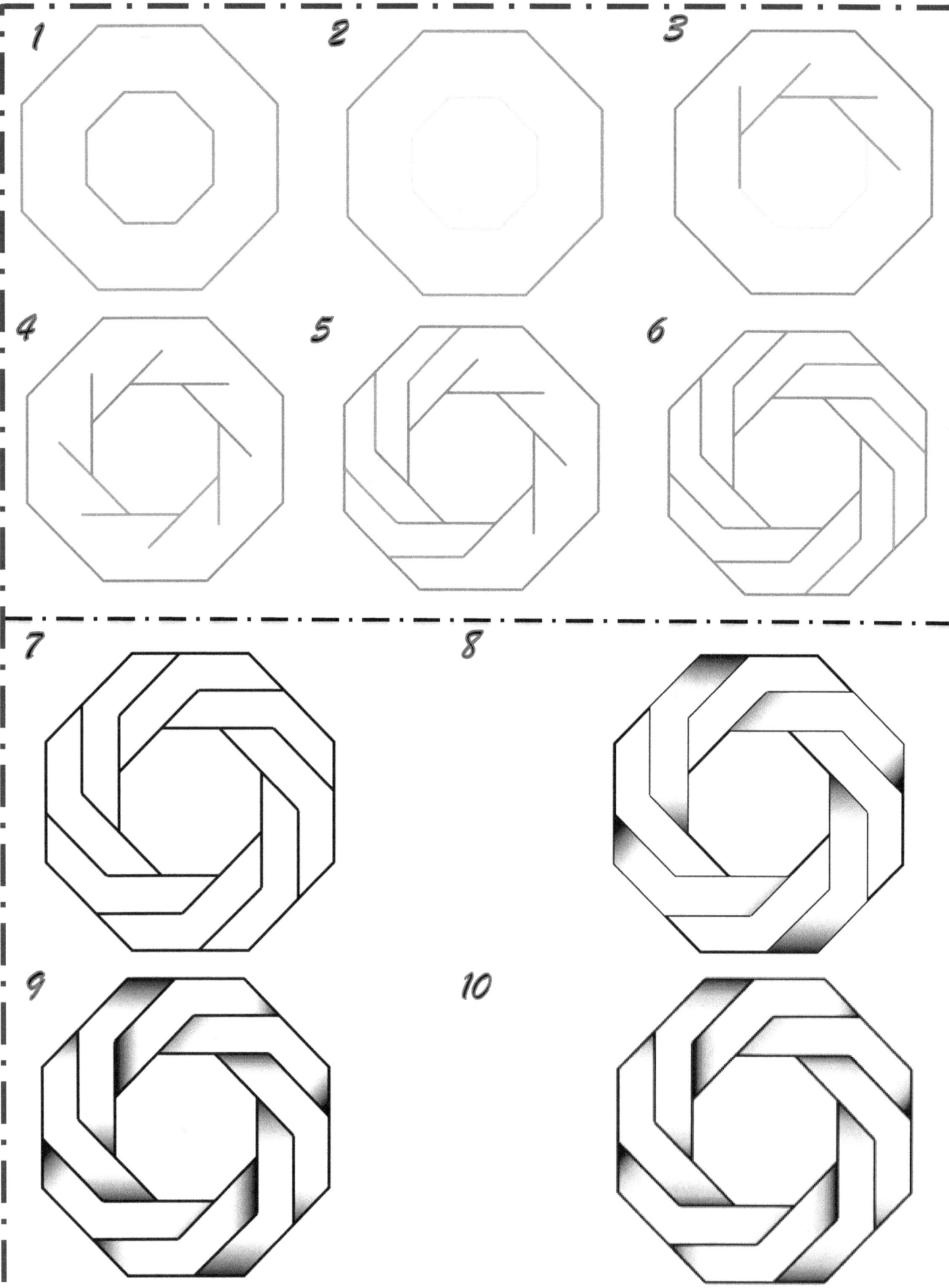

1

2

3

4

5

6

7

8

9

10

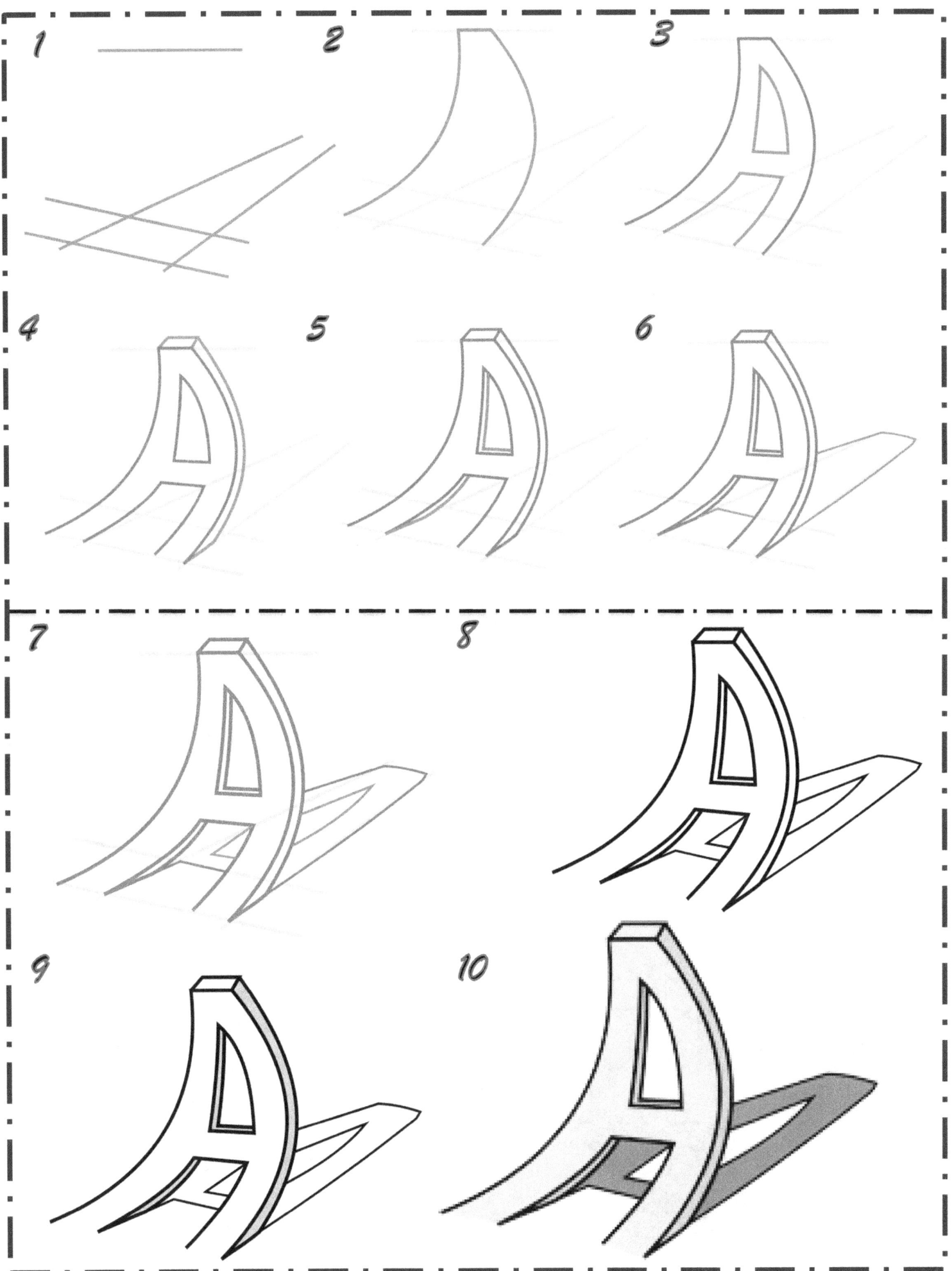

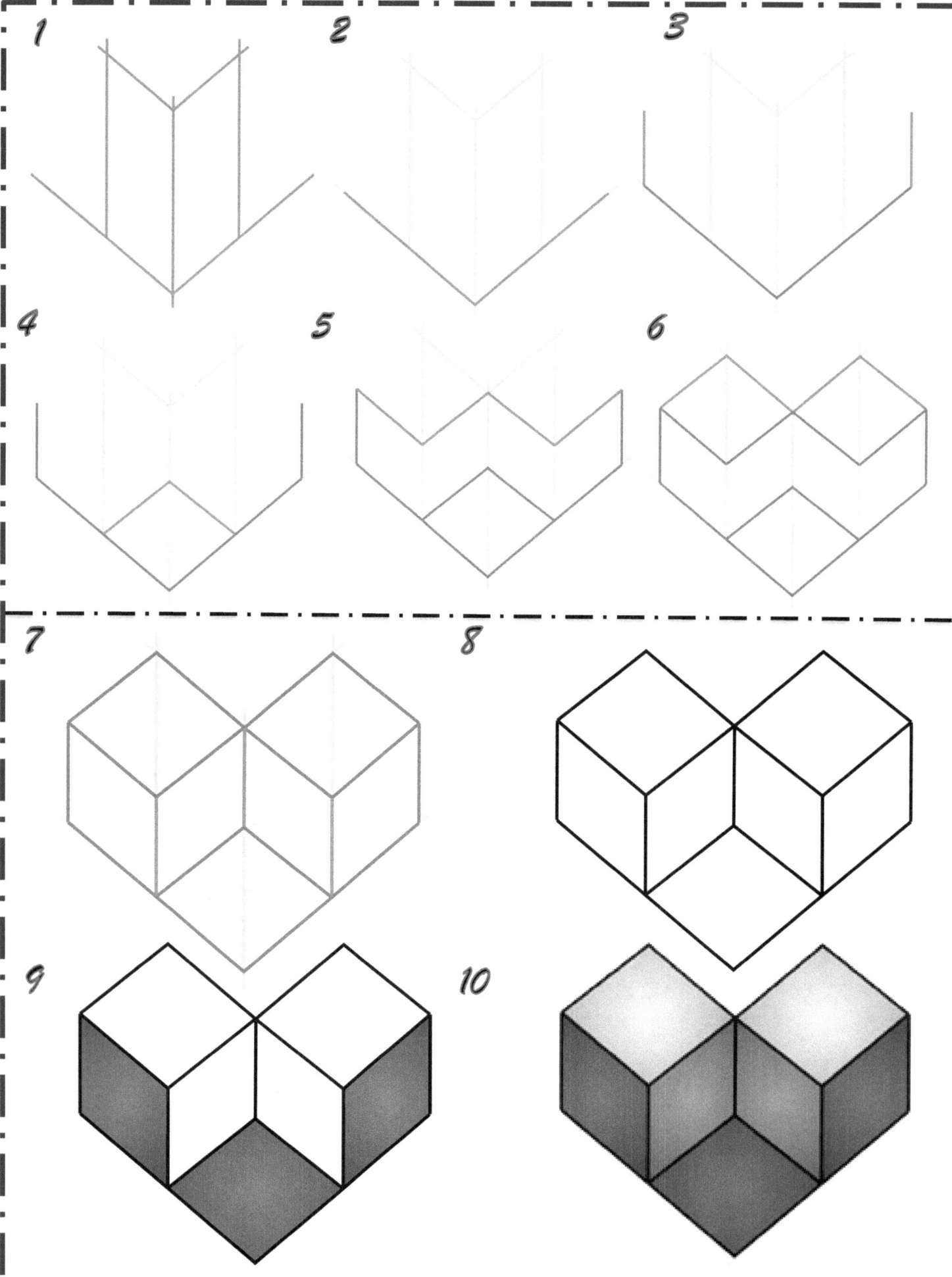

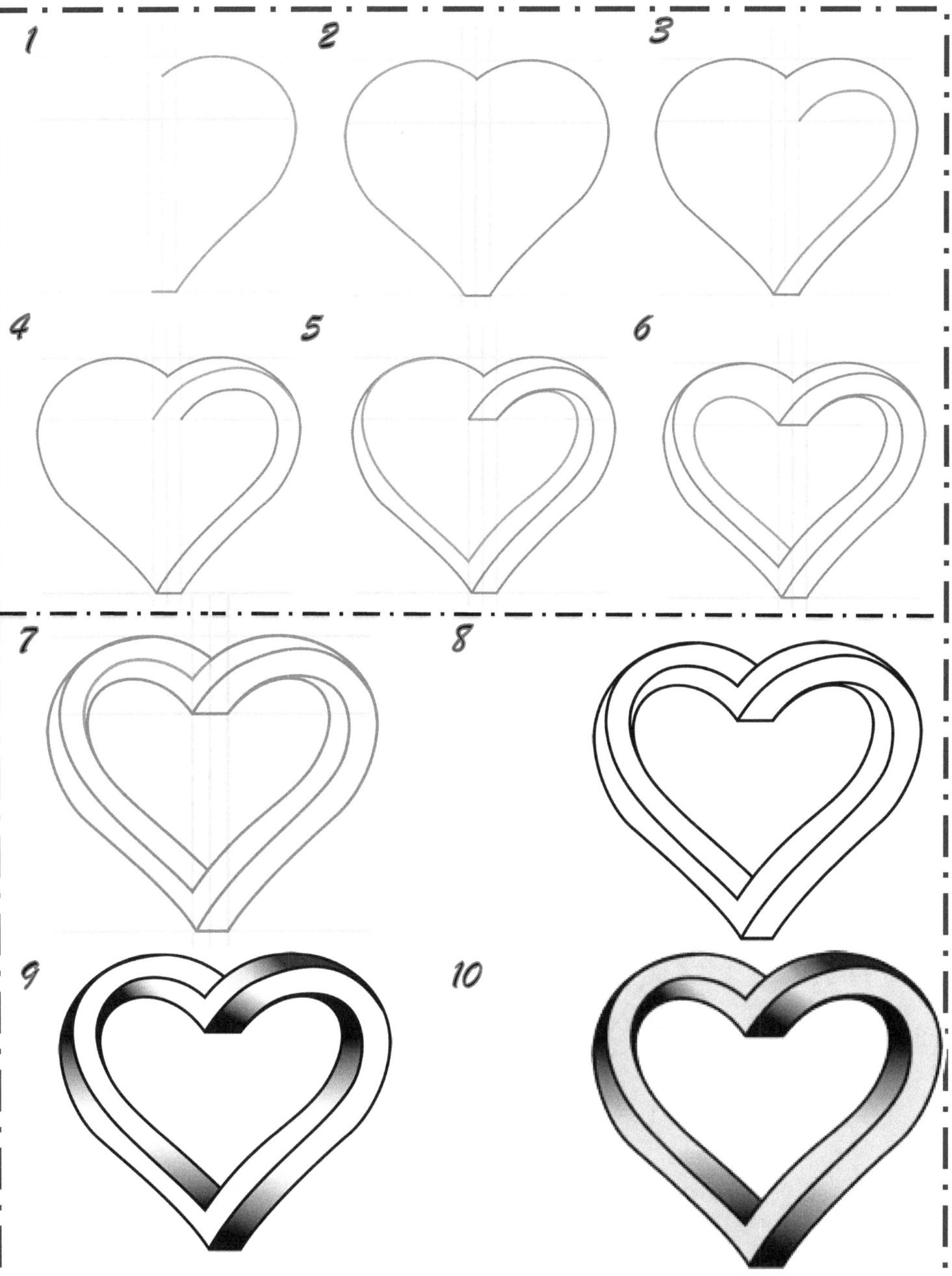

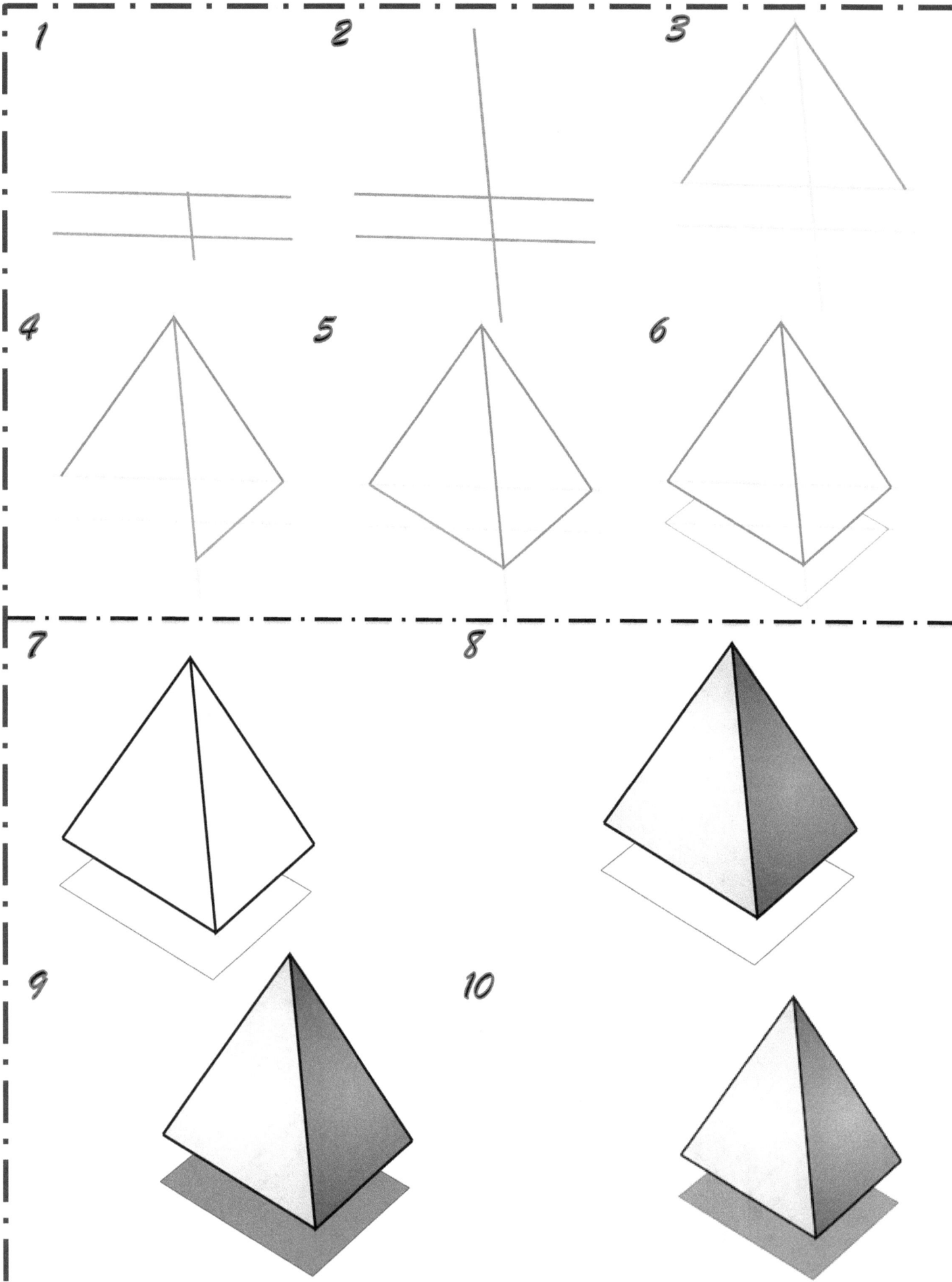

1

2

3

4

5

6

7

8

9

10

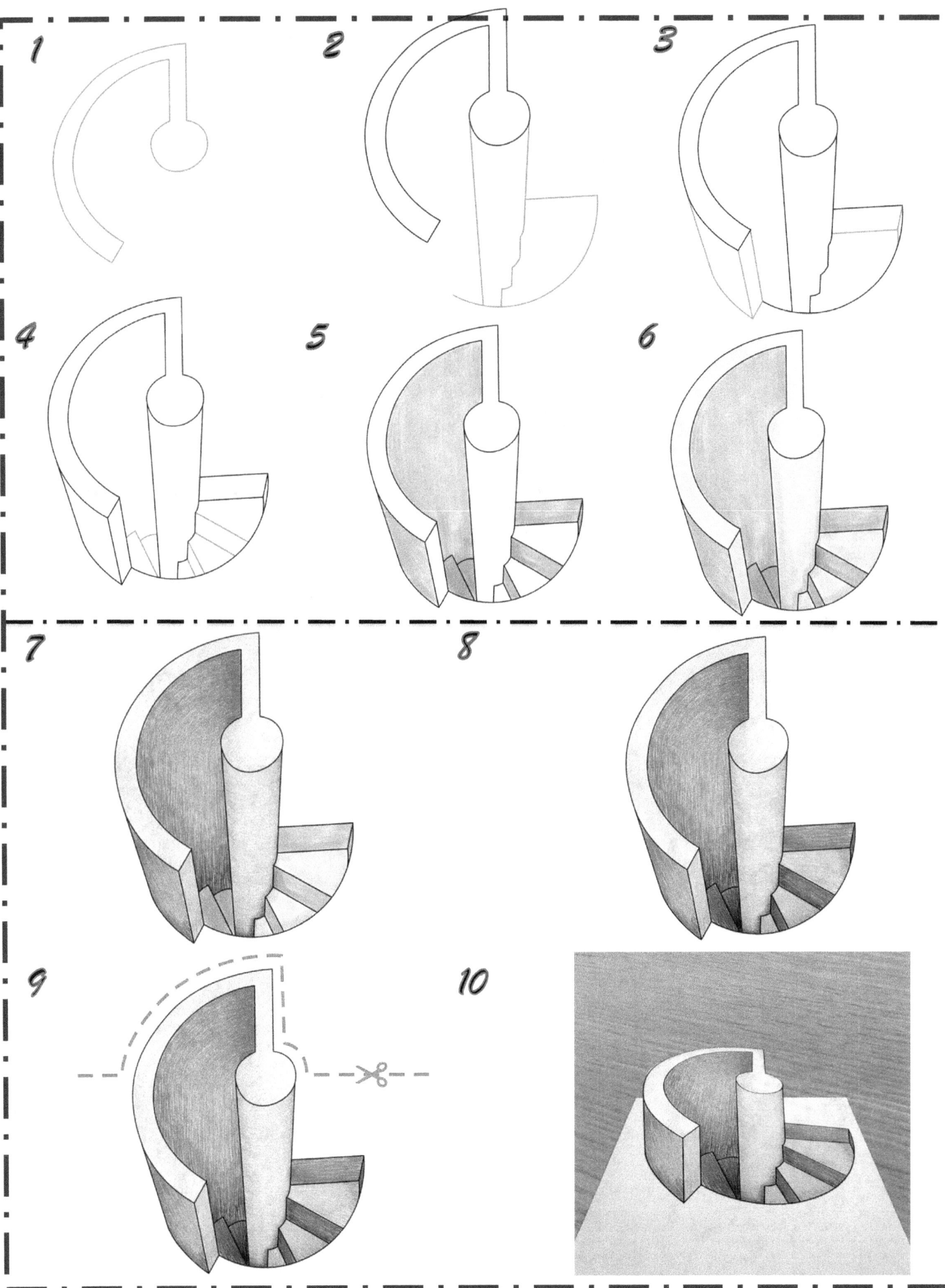

1

2

3

4

5

6

7

8

9

10

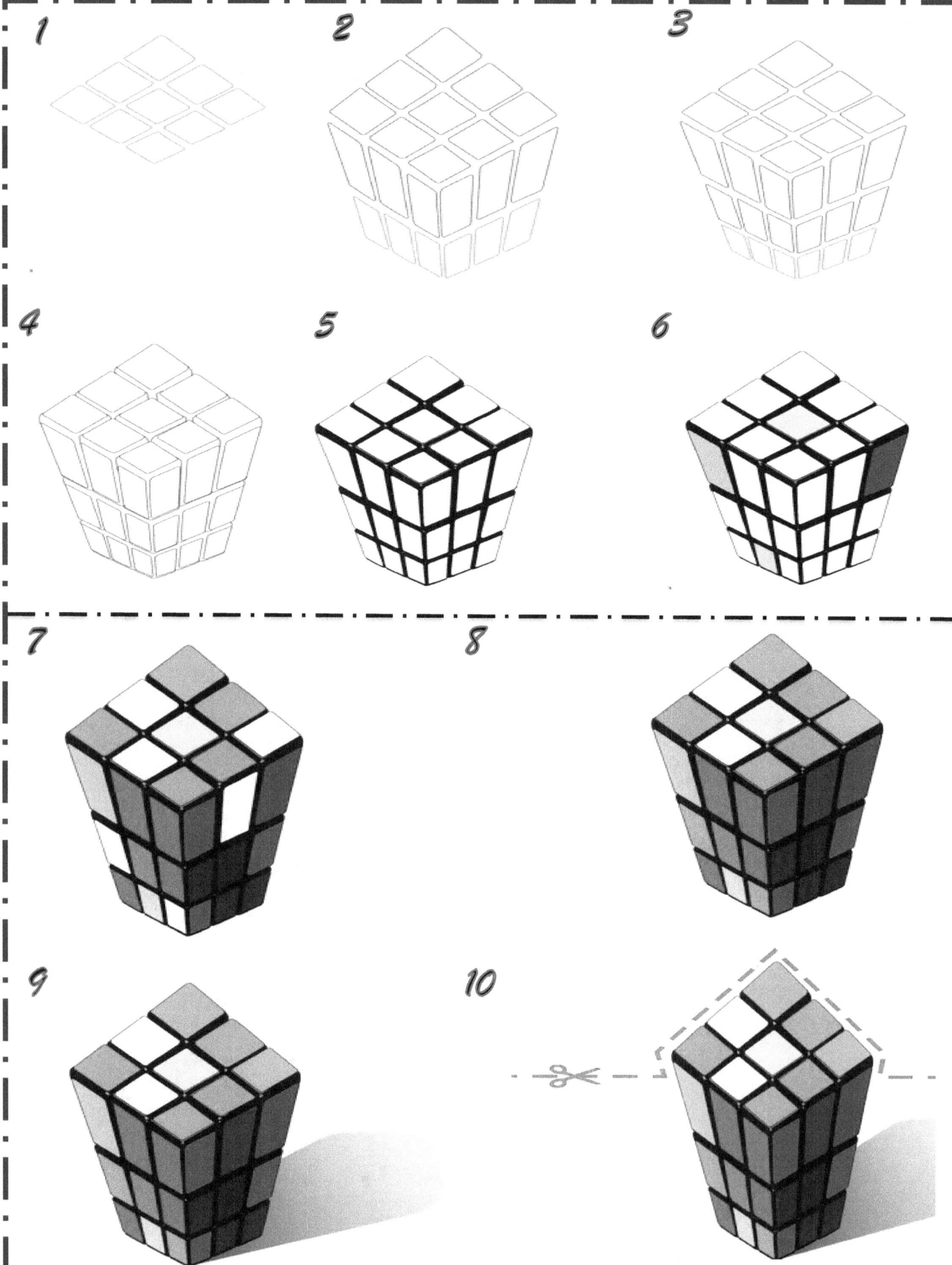

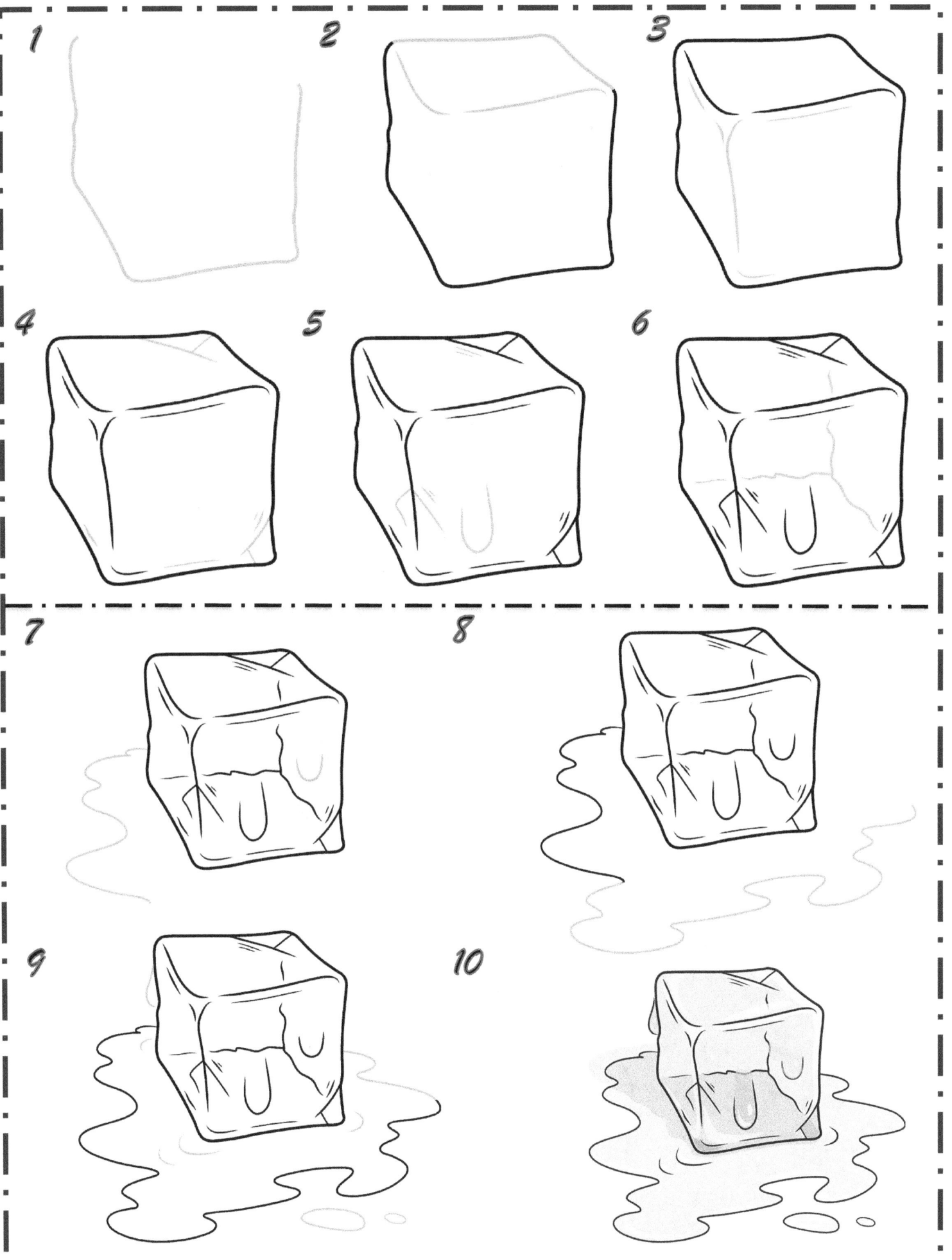

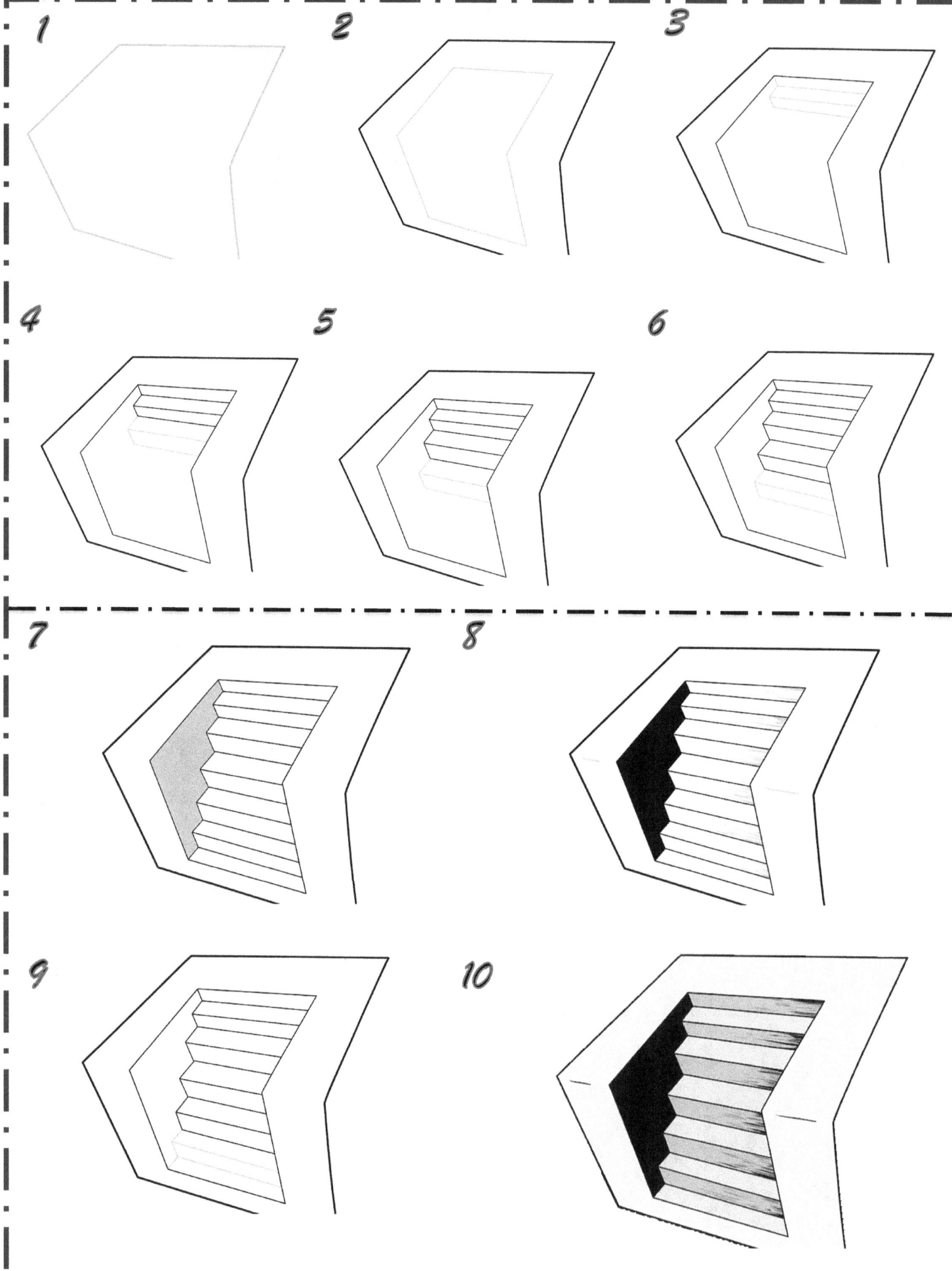

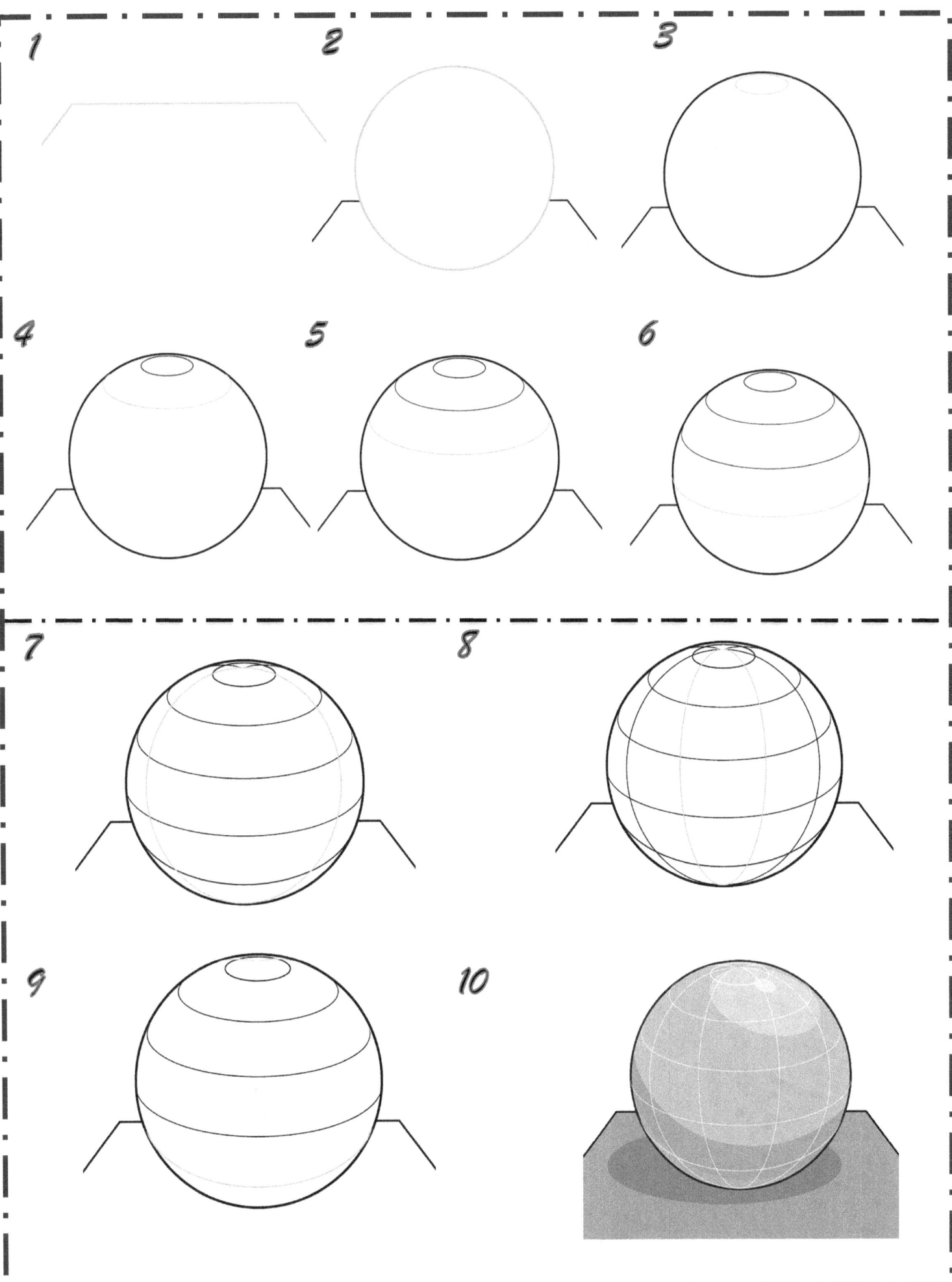

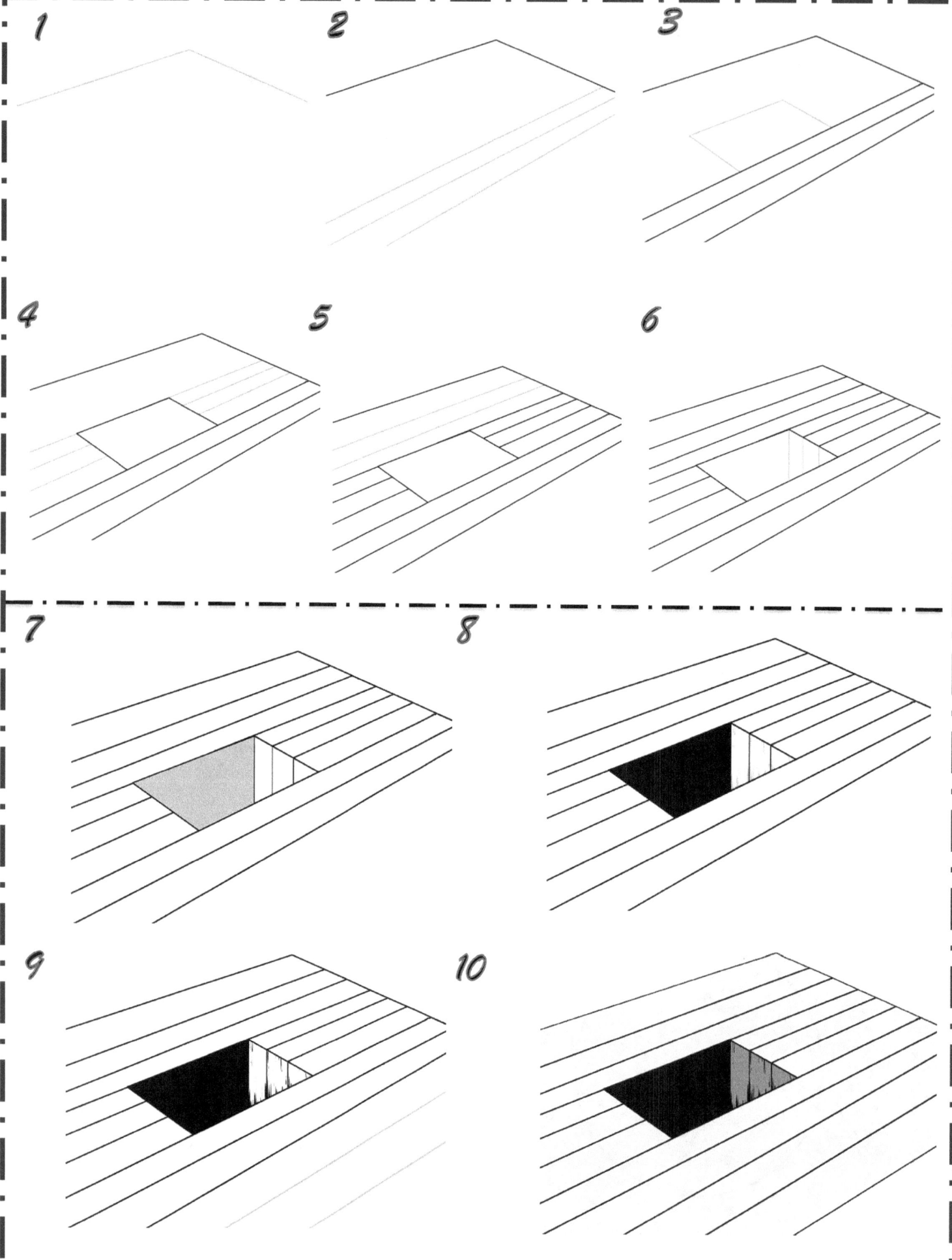

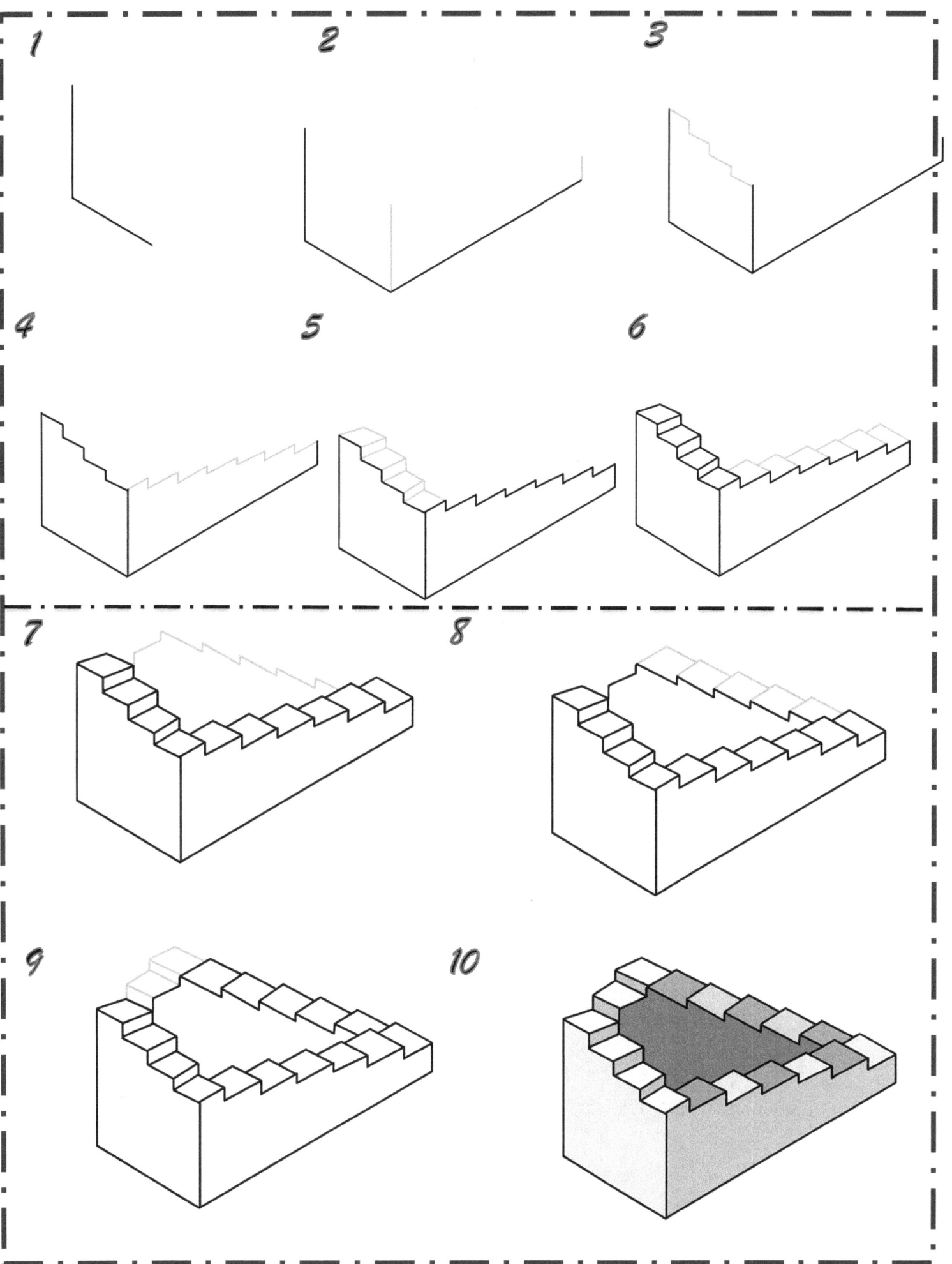

1

2

3

4

5

6

7

8

9

10

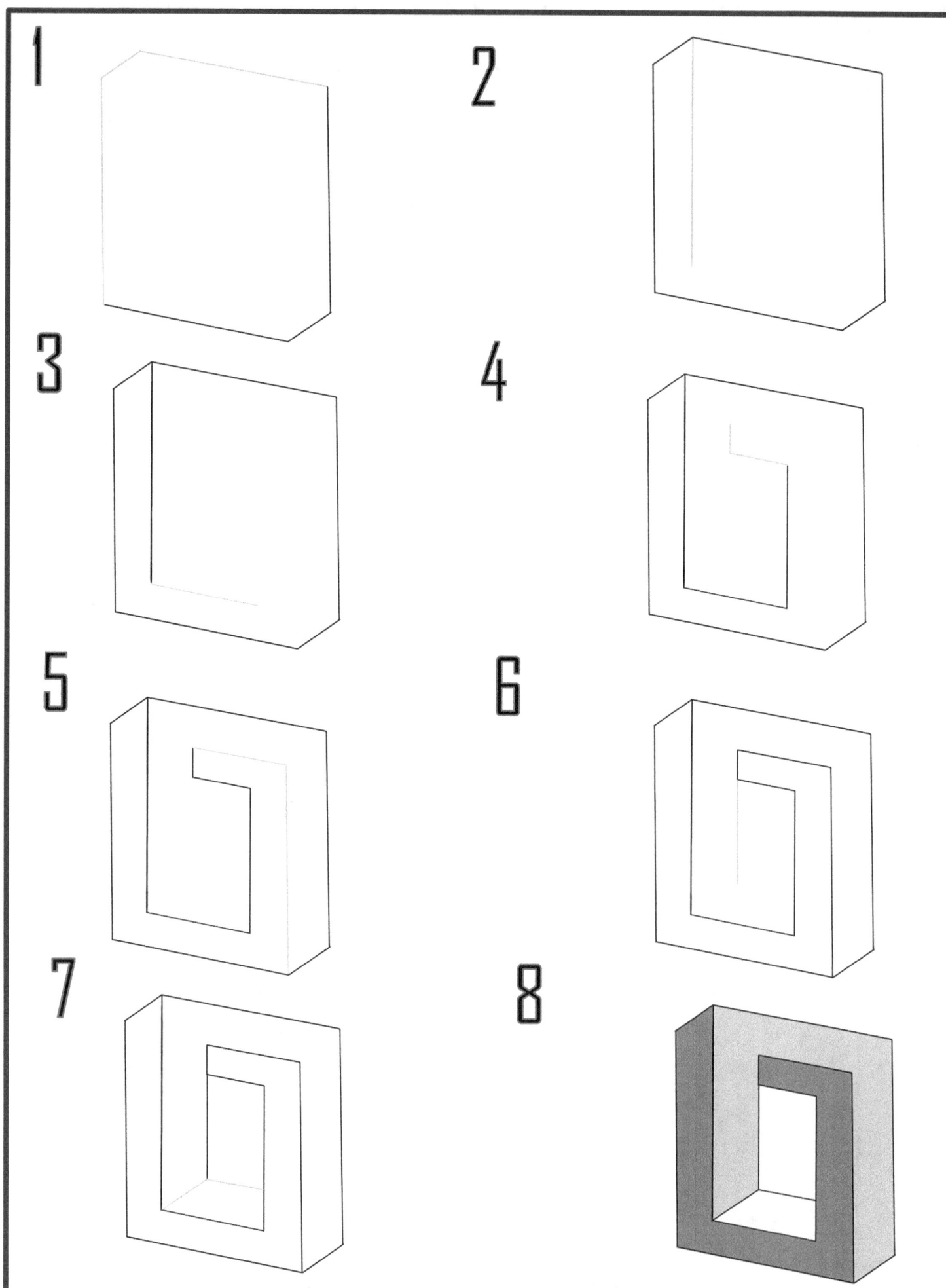

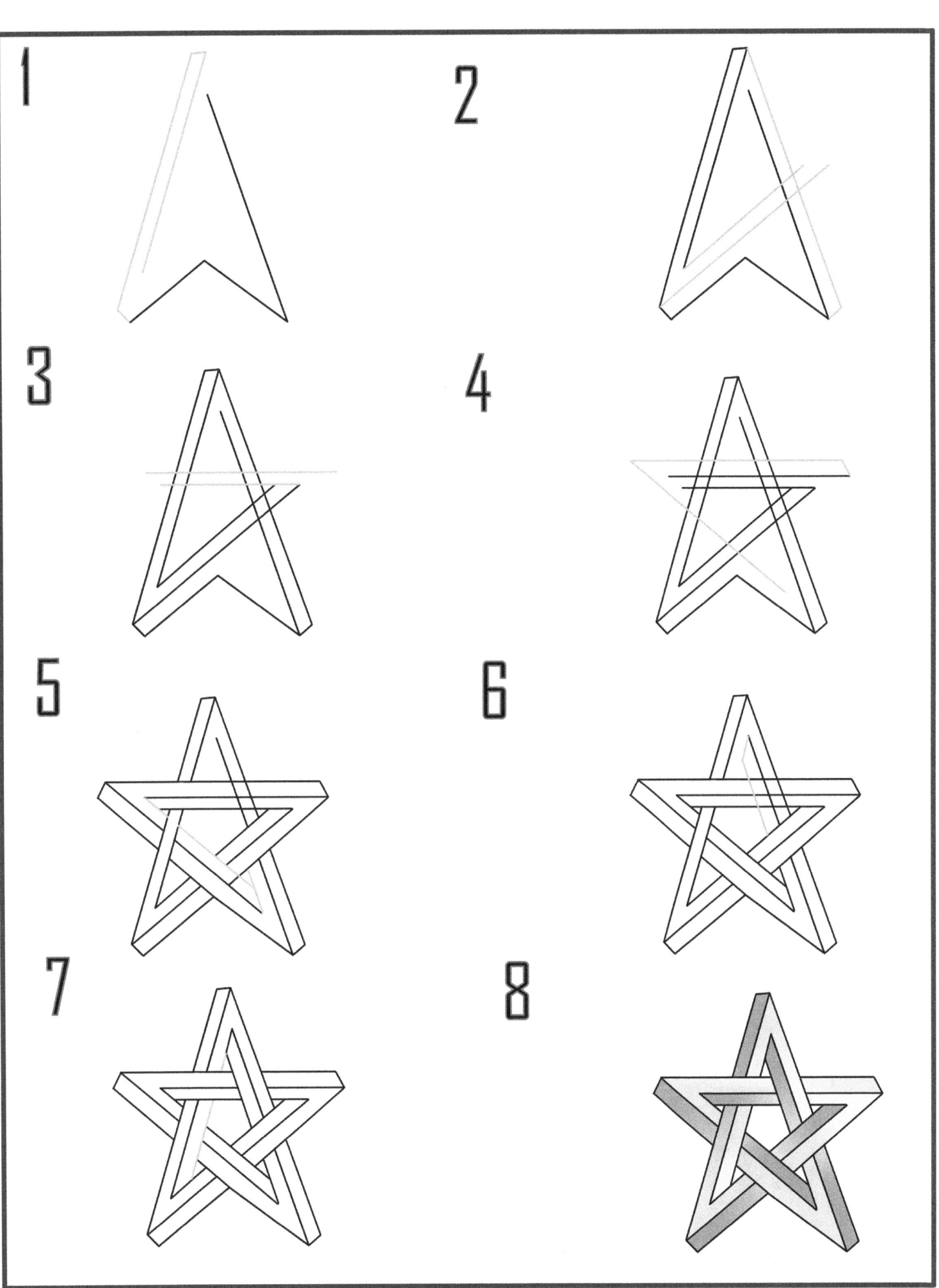

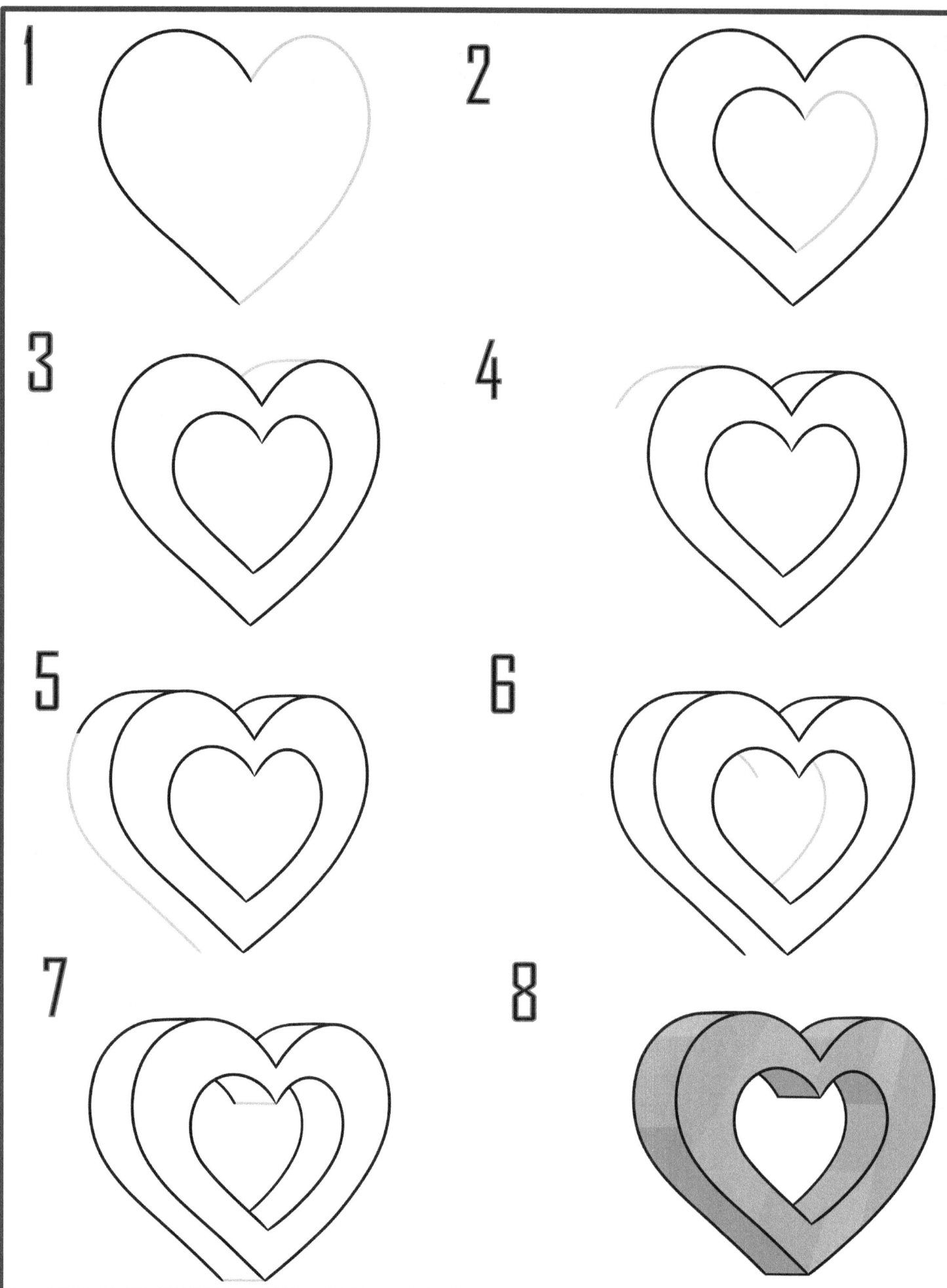

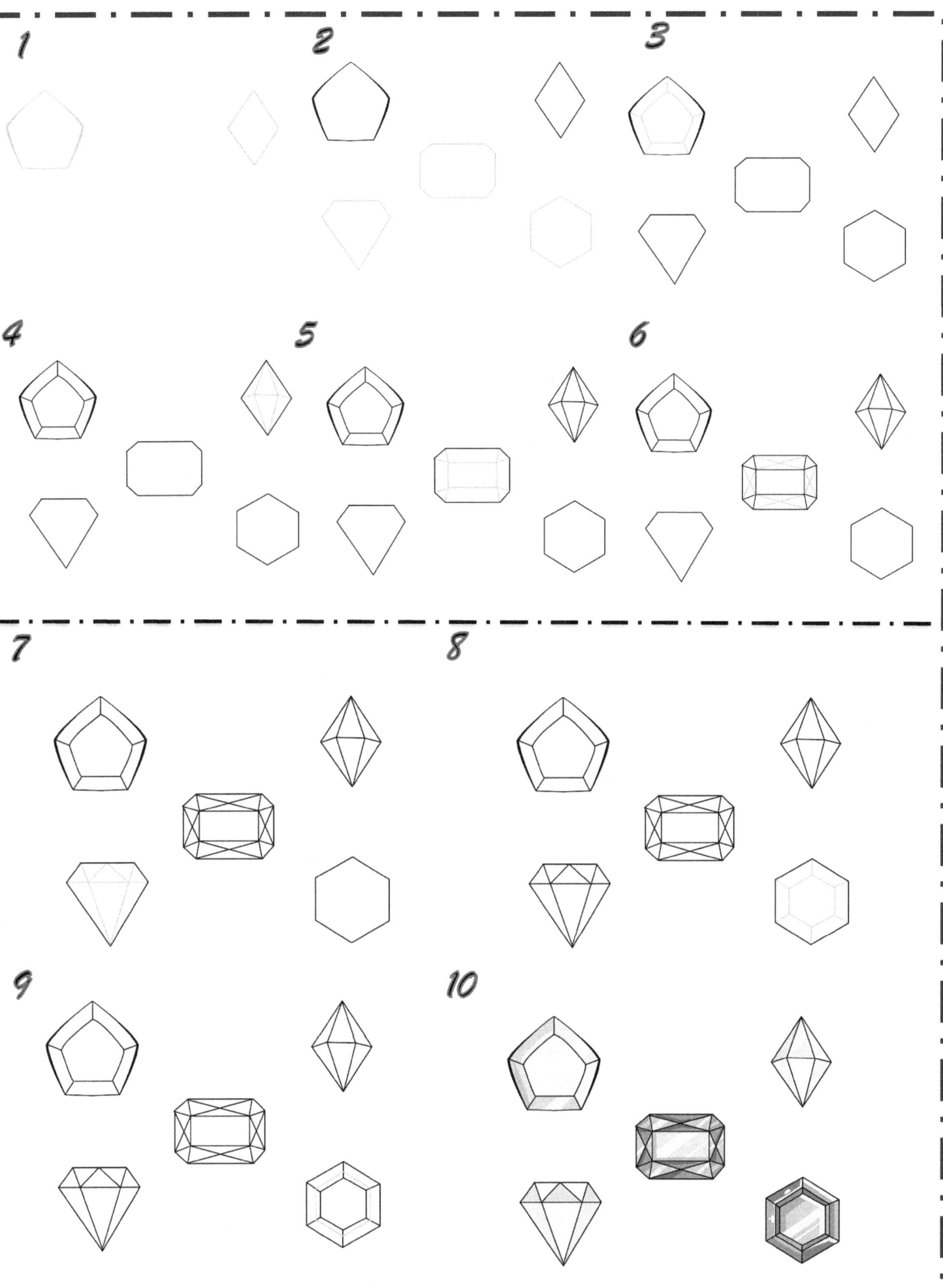

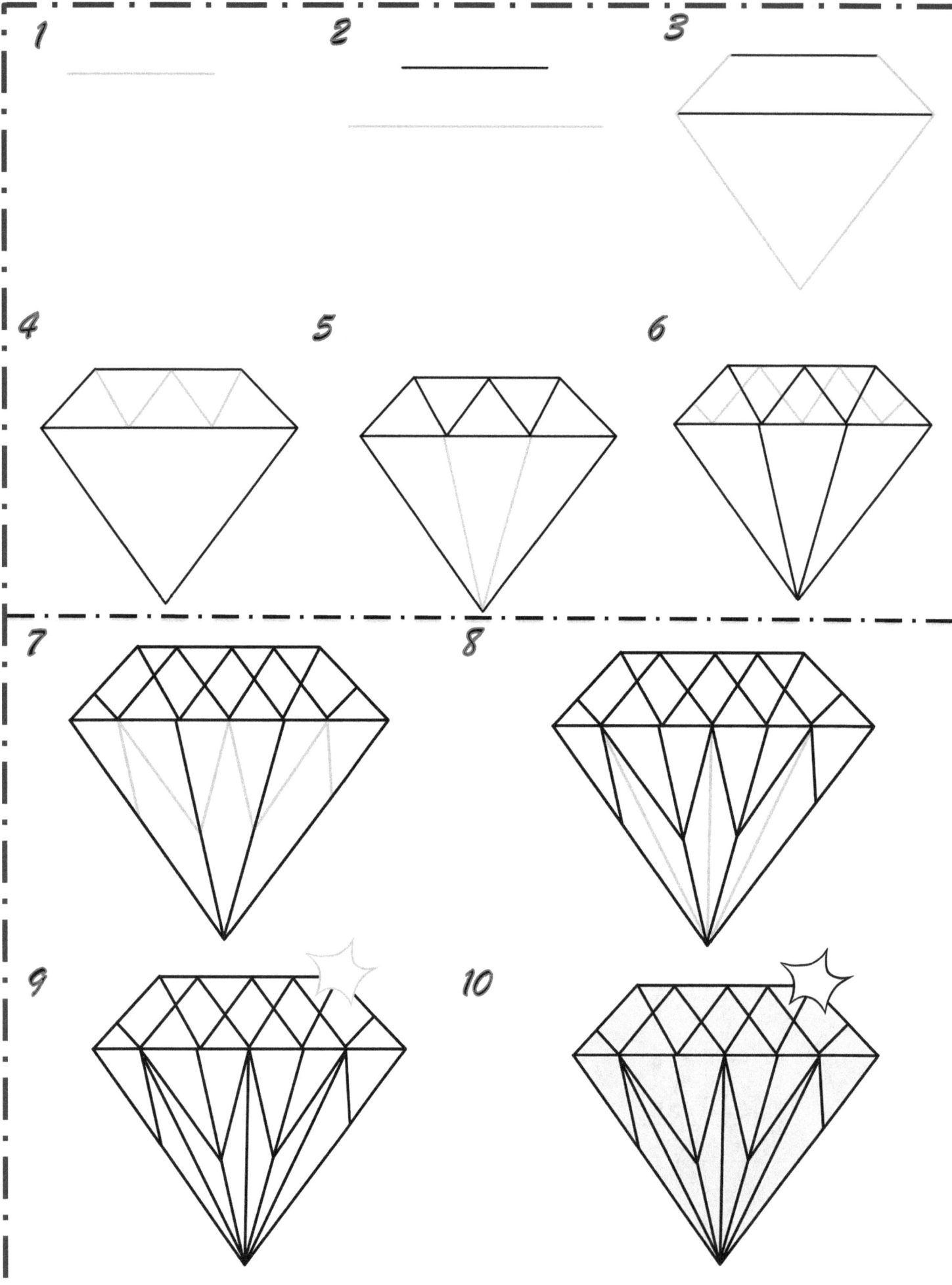

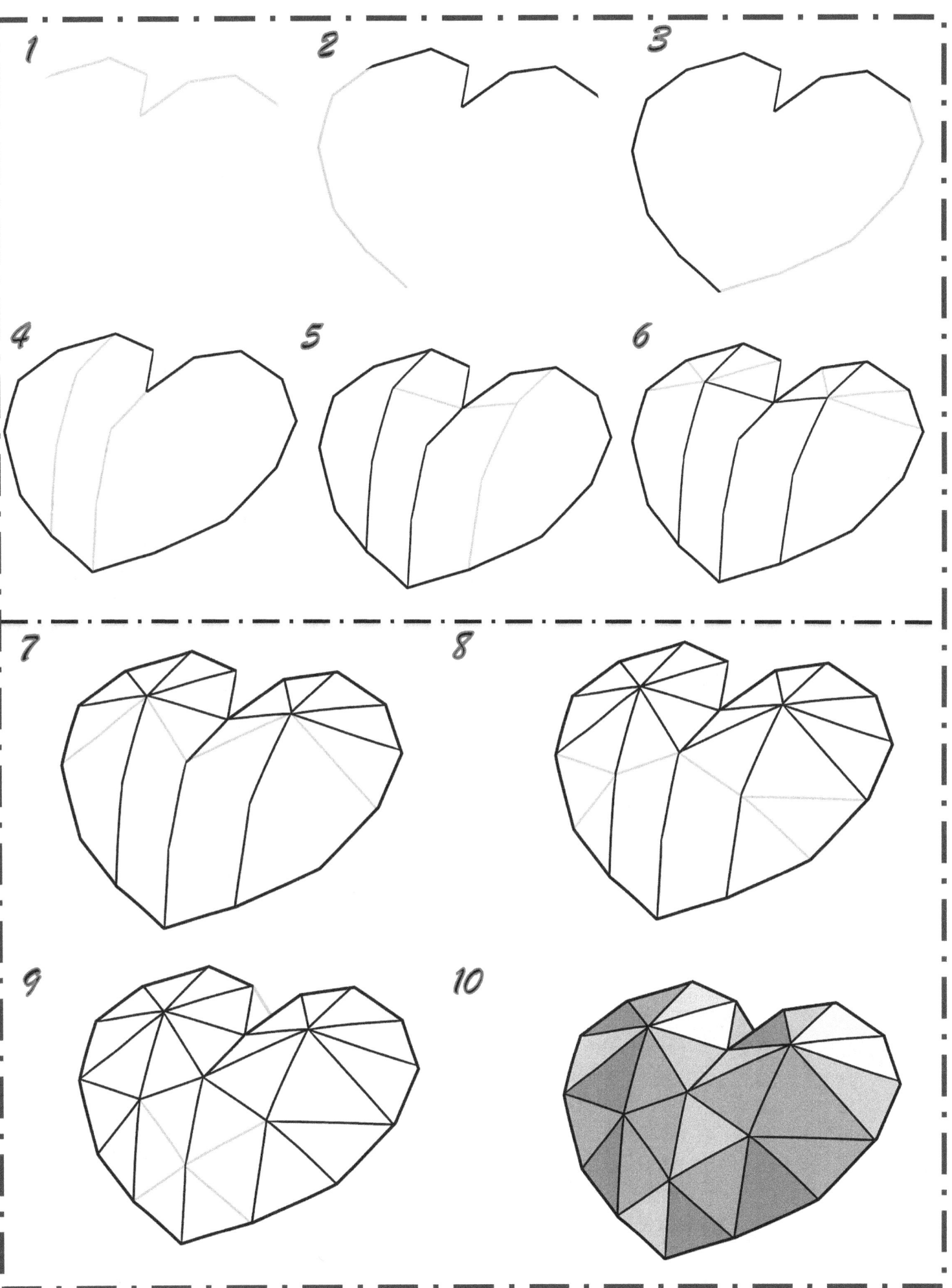

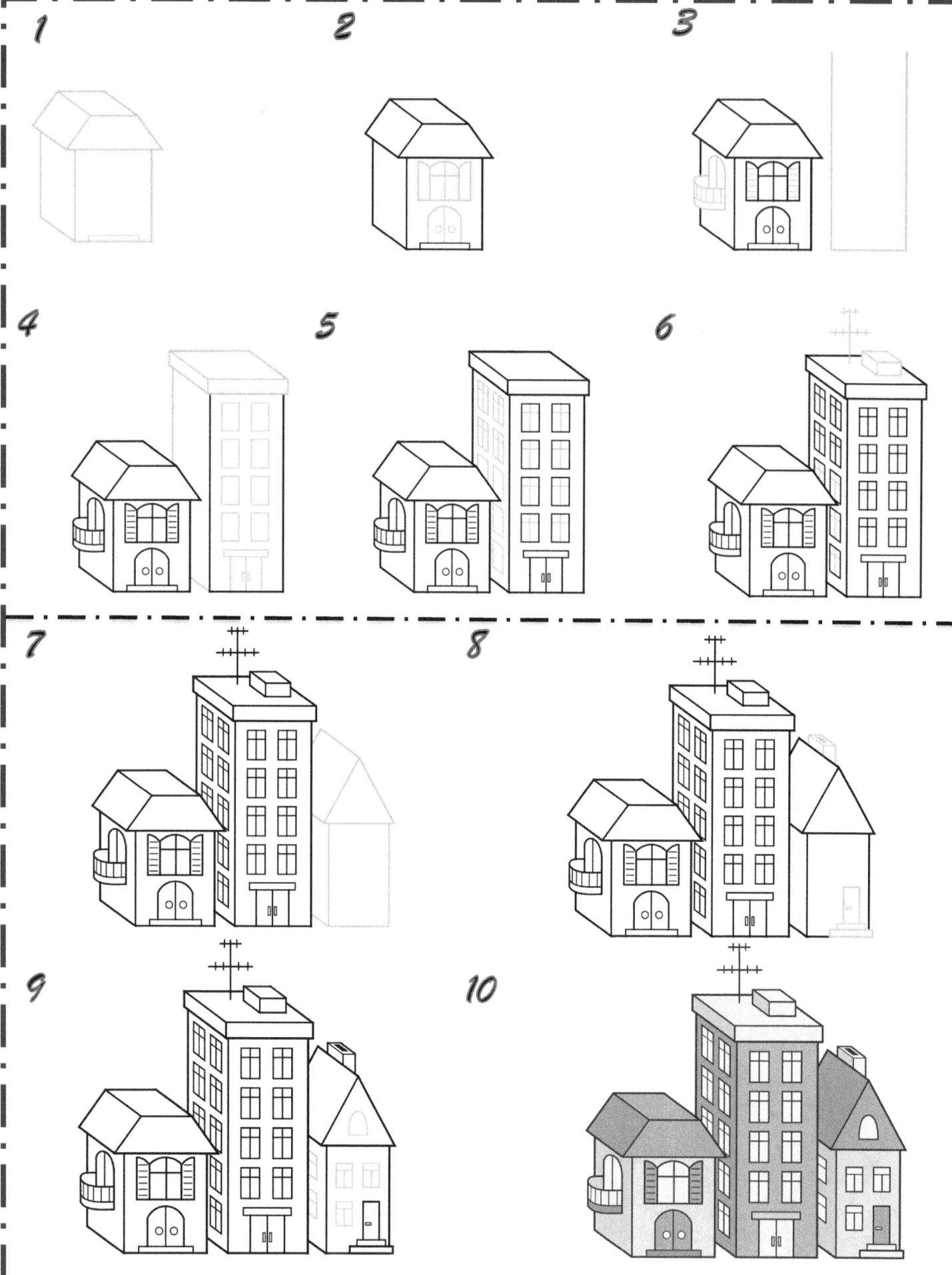

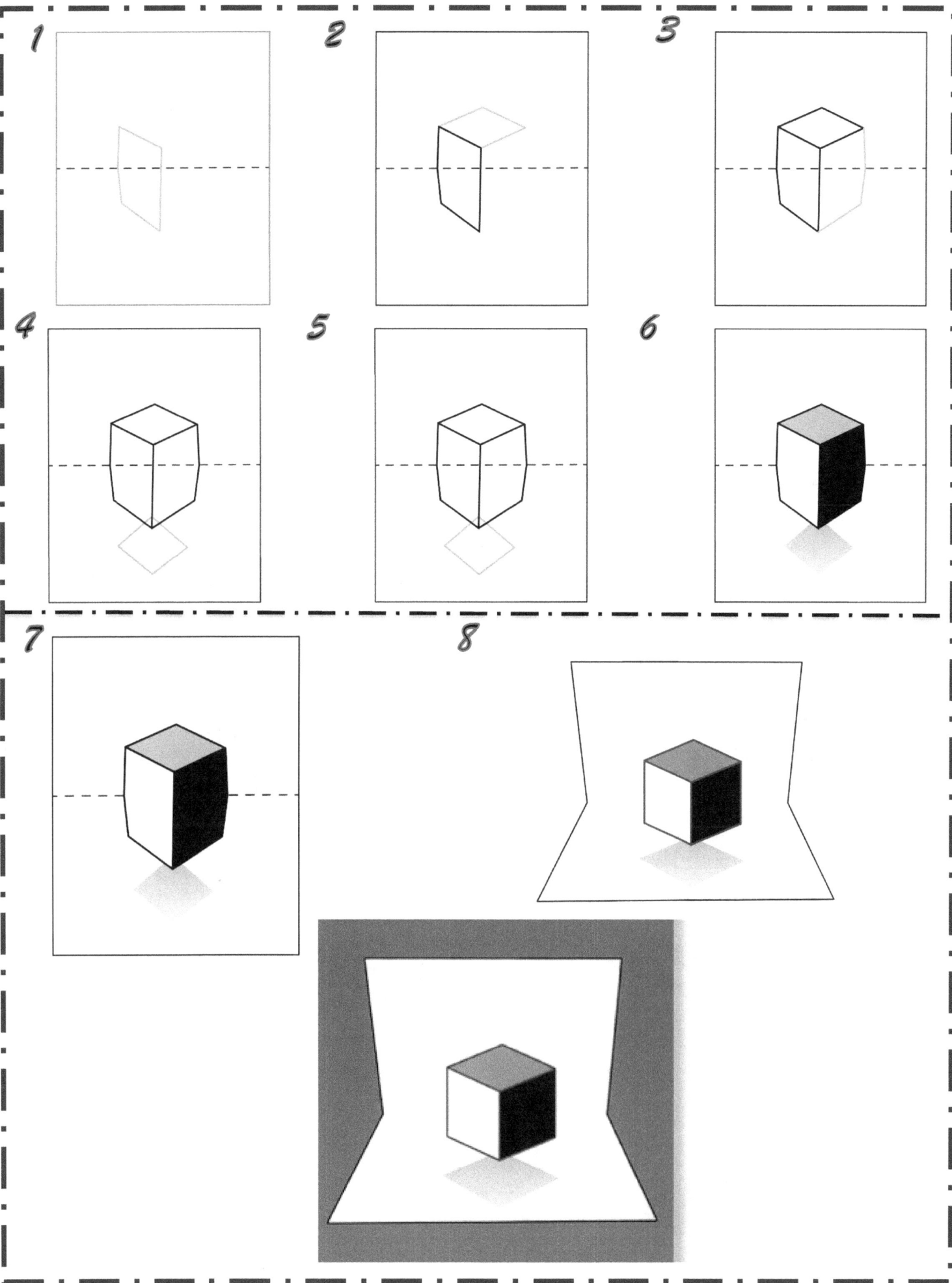

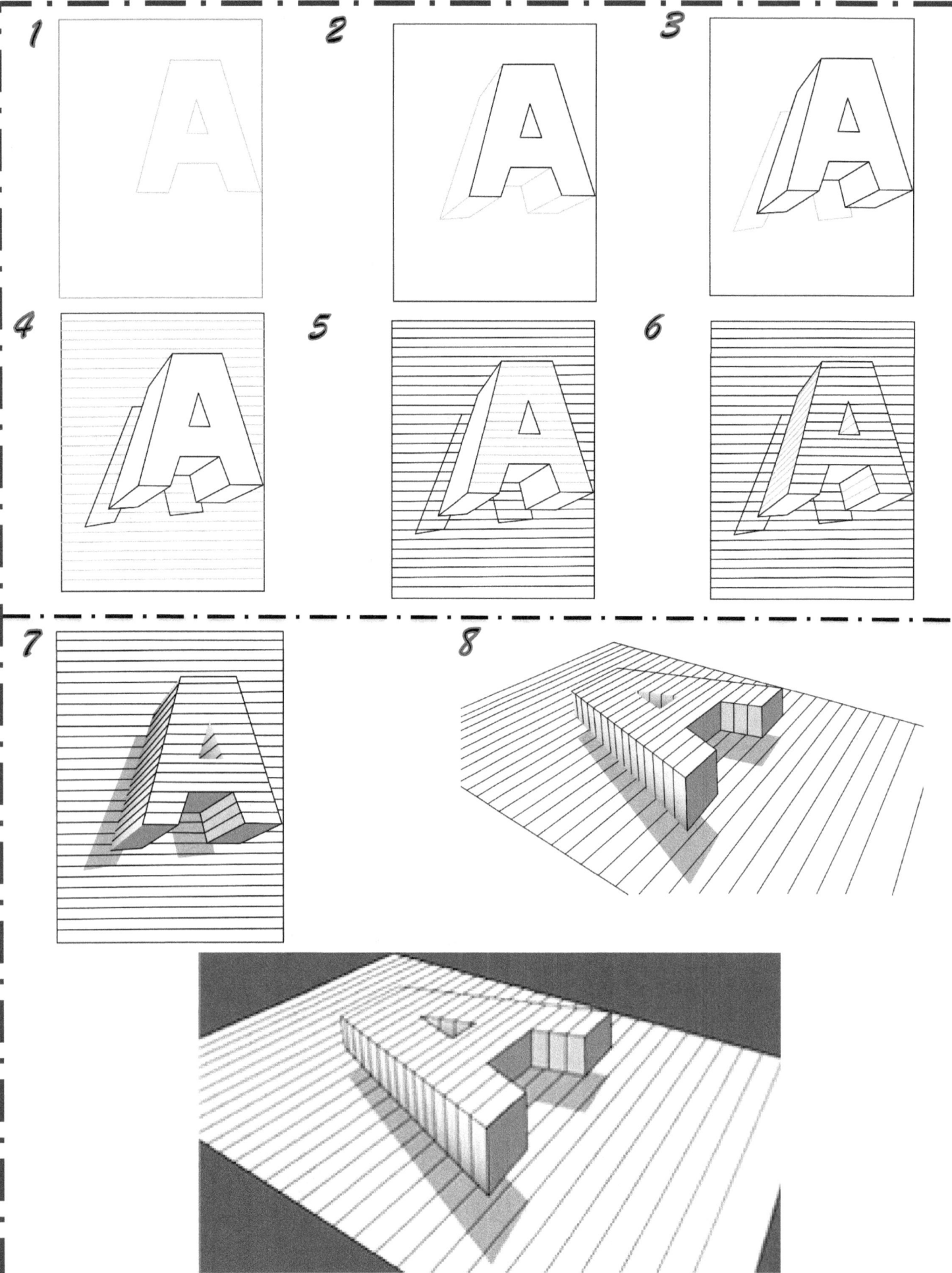

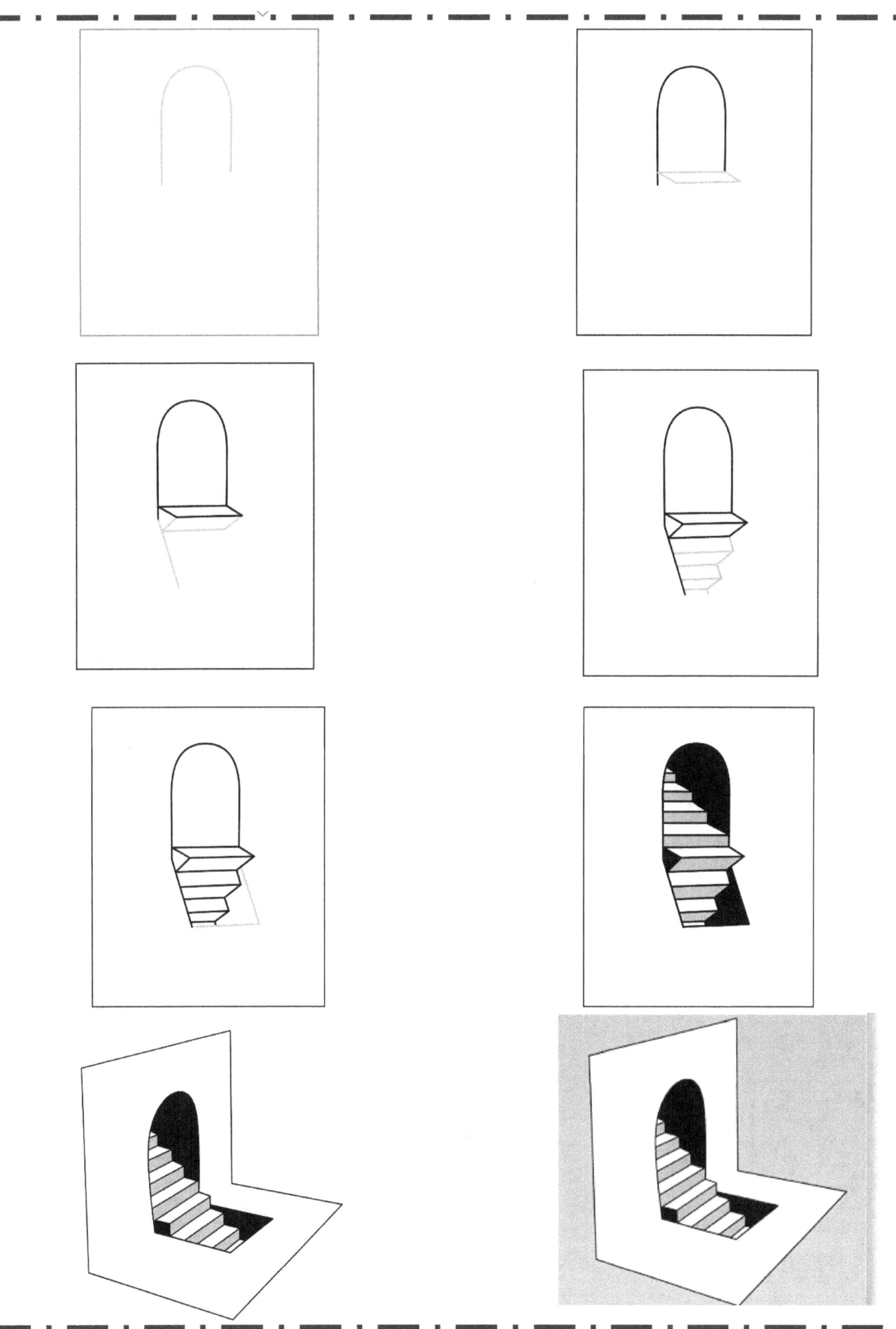

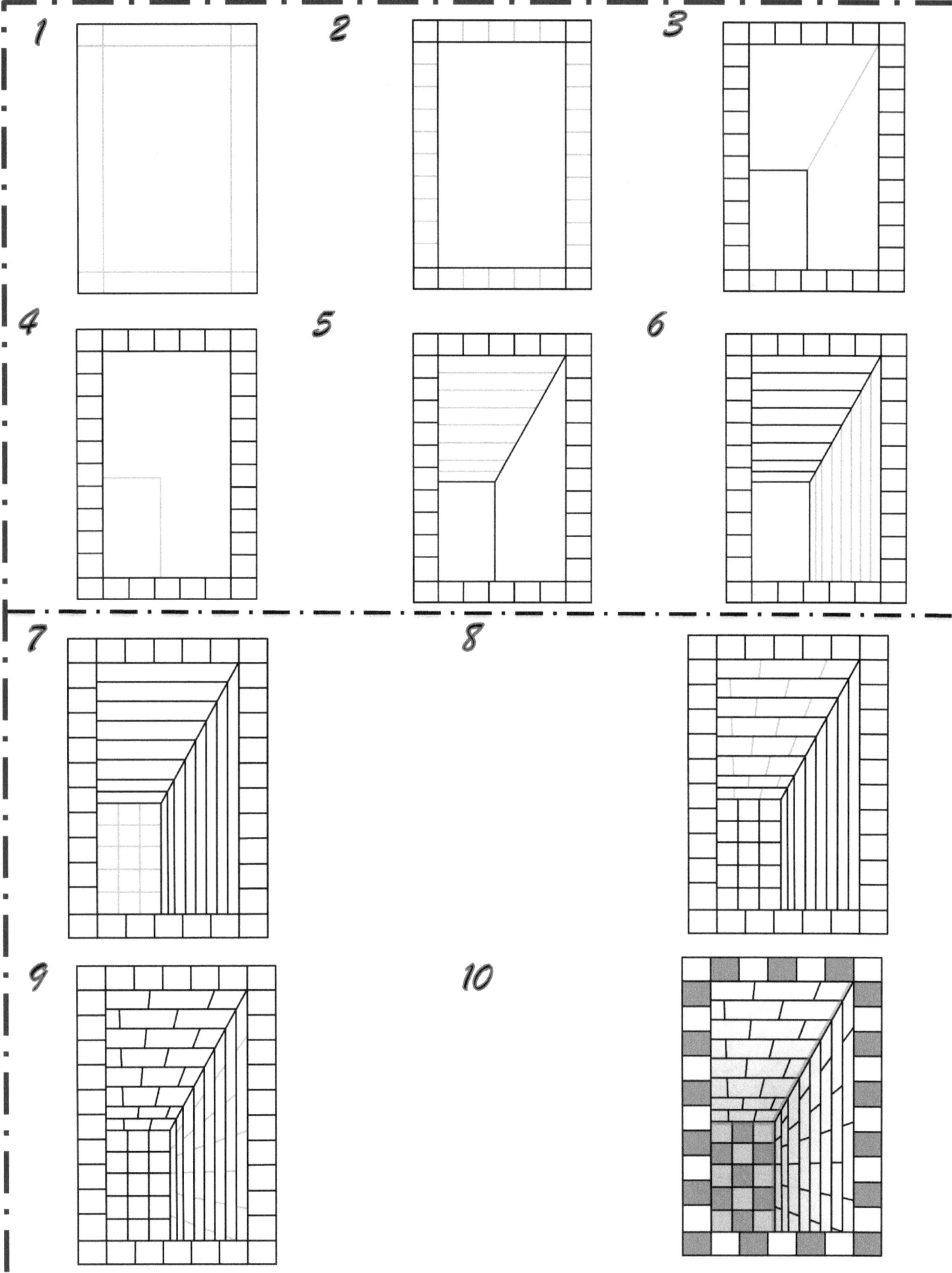

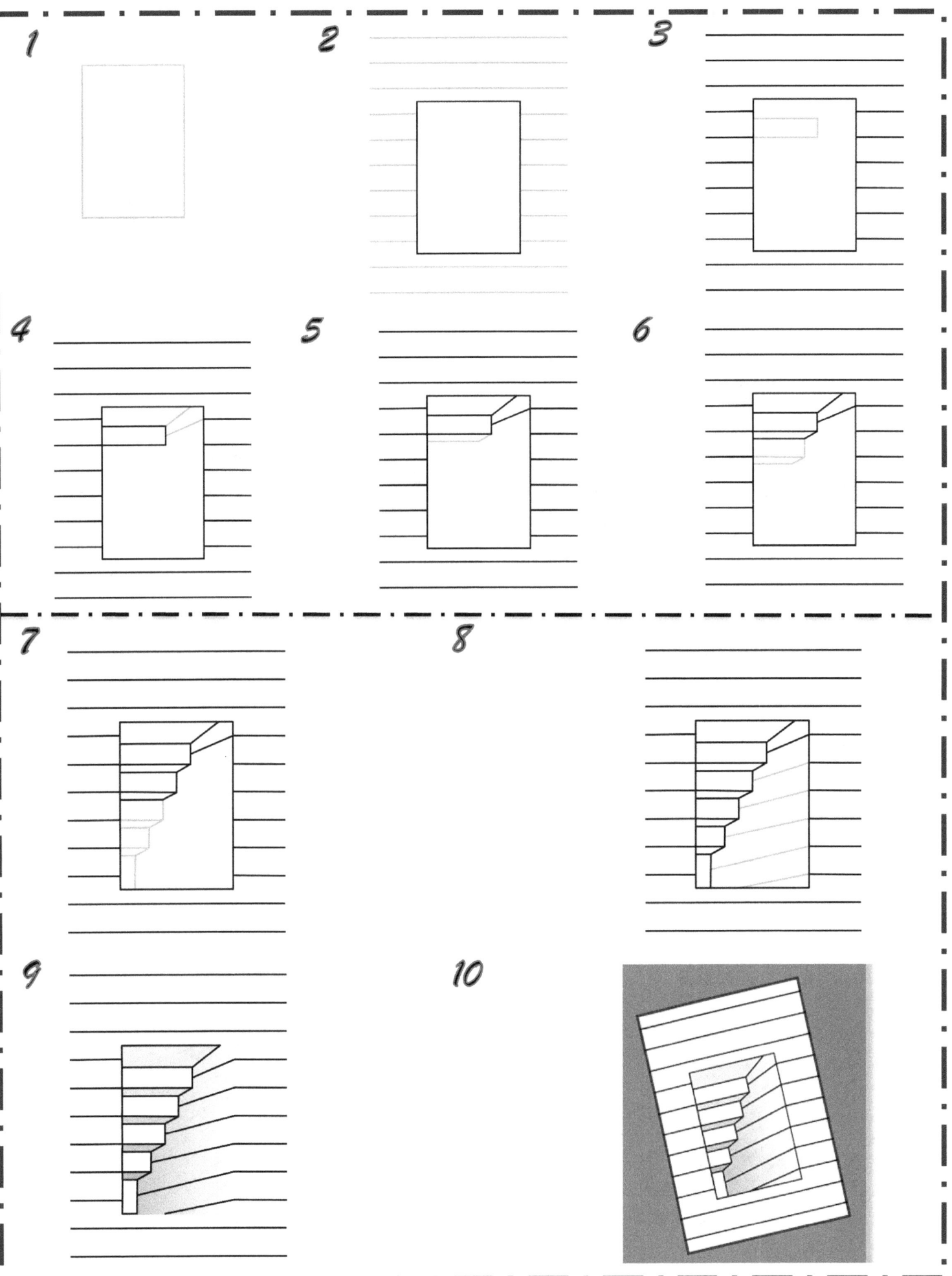

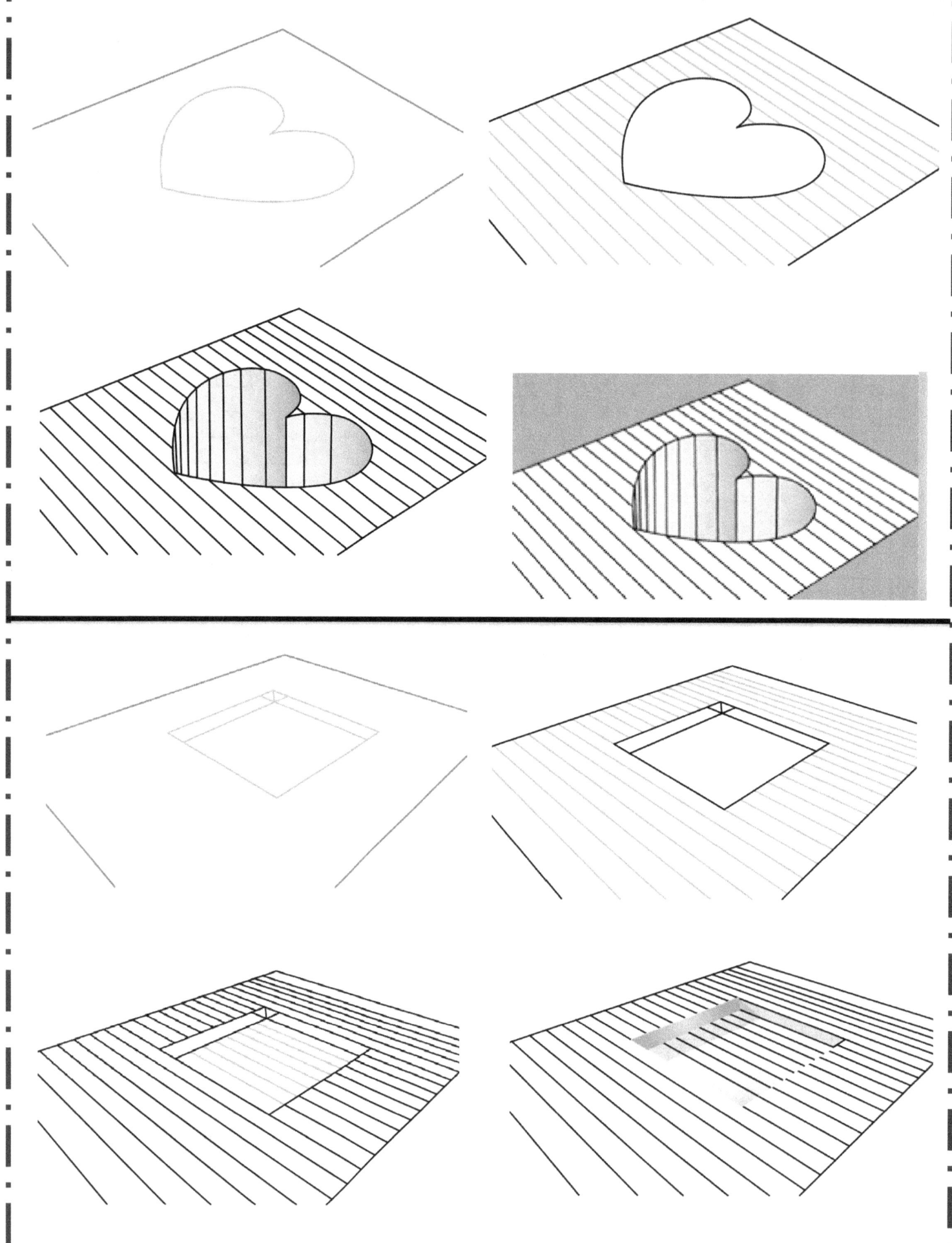

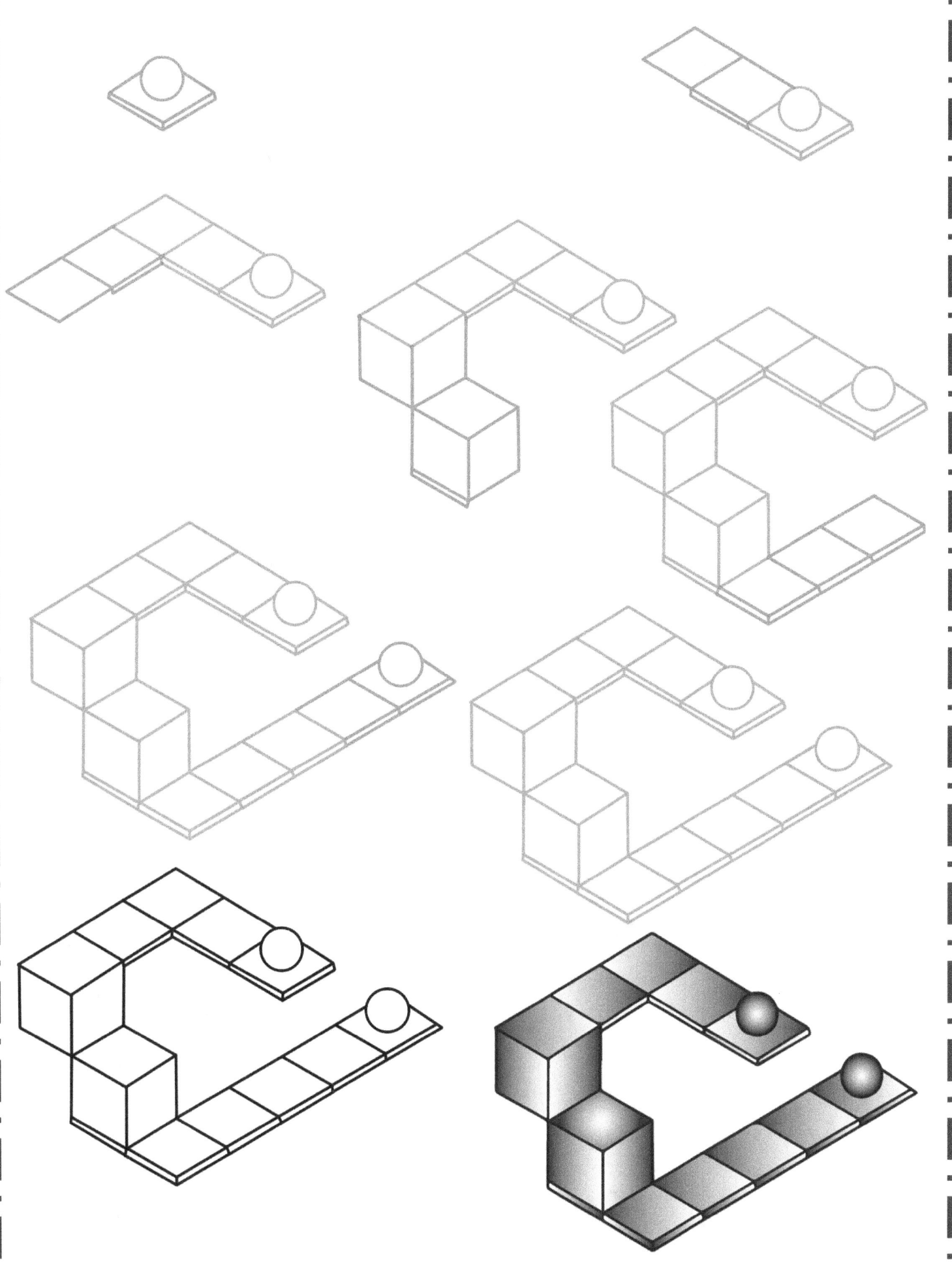

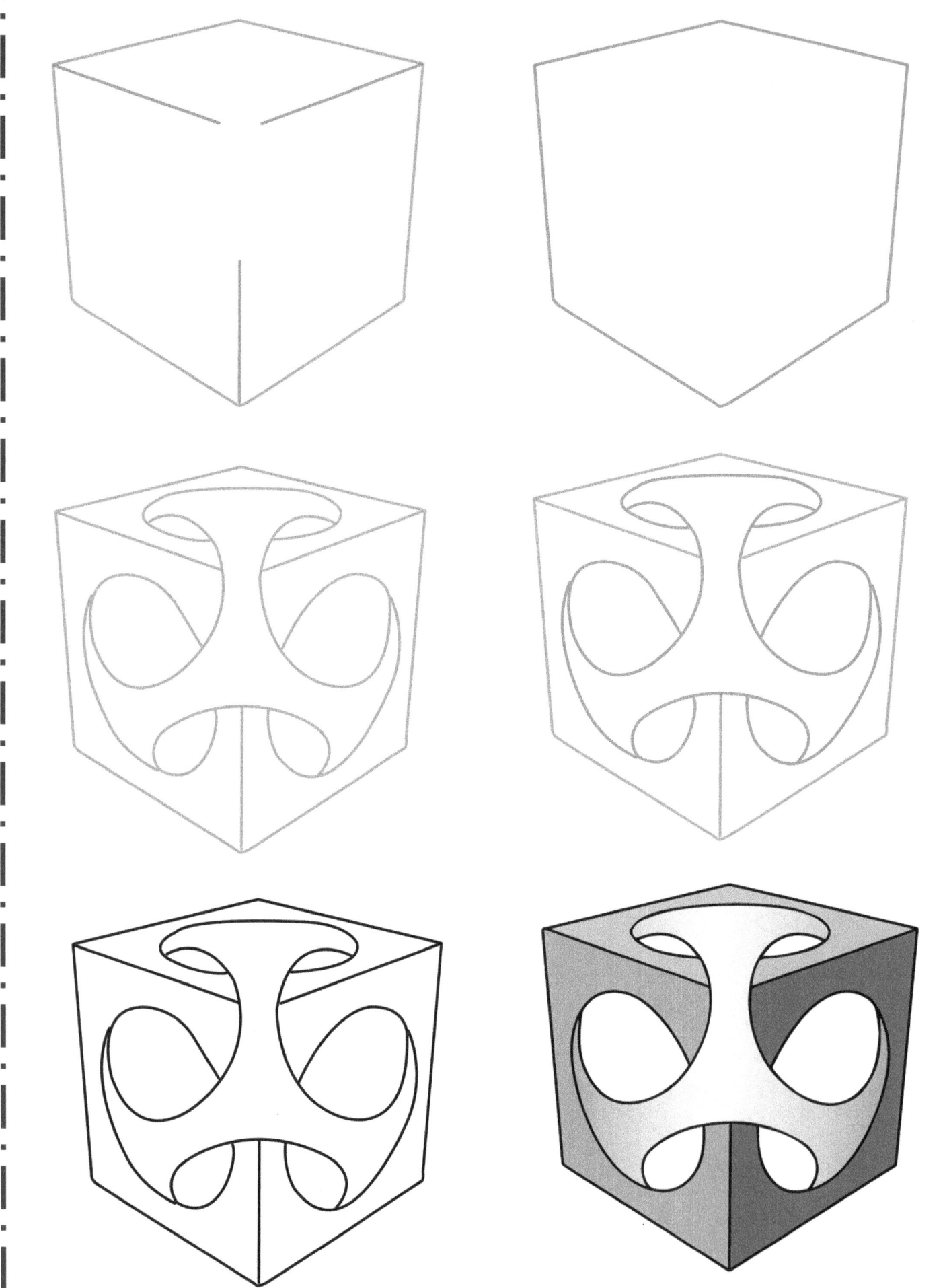

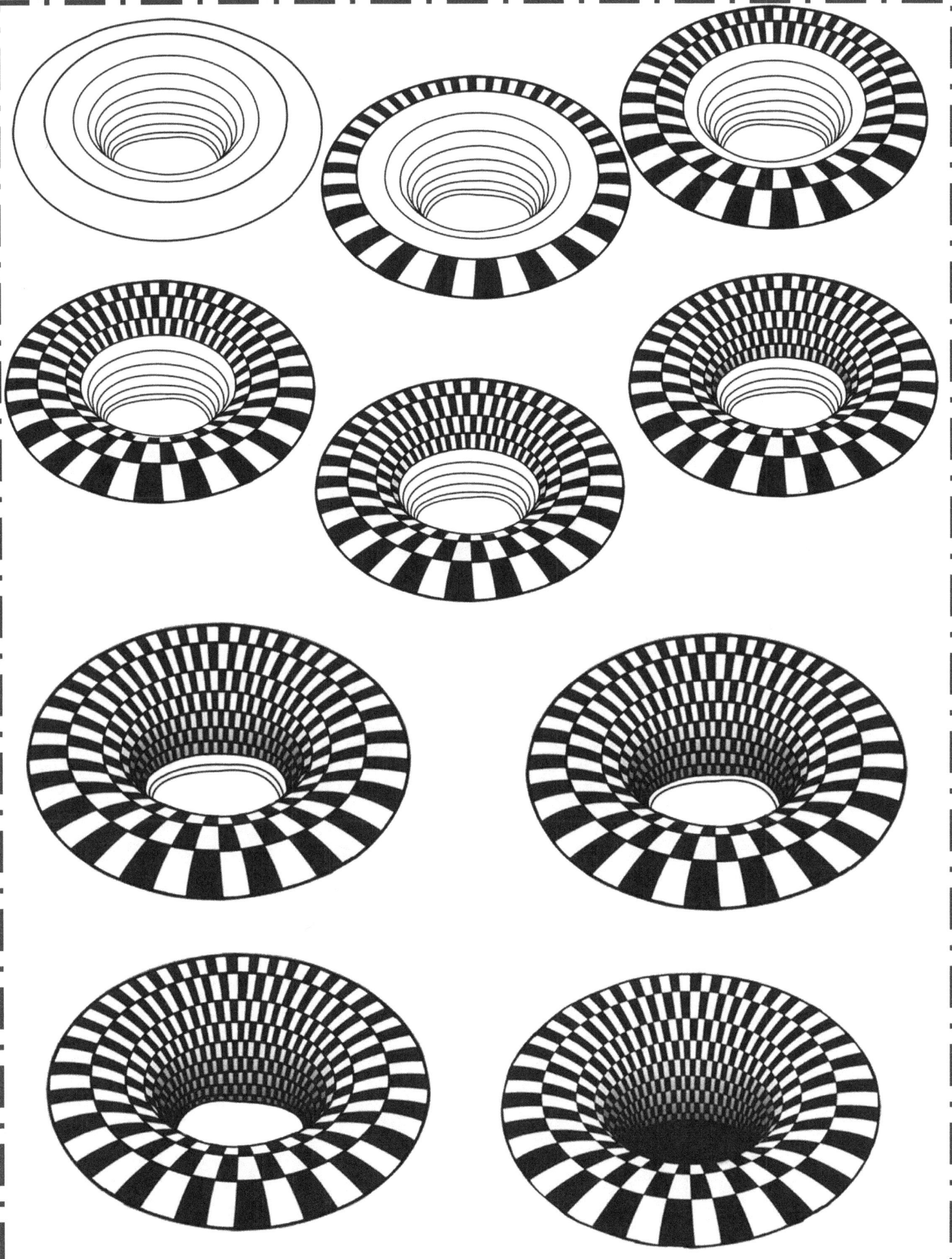

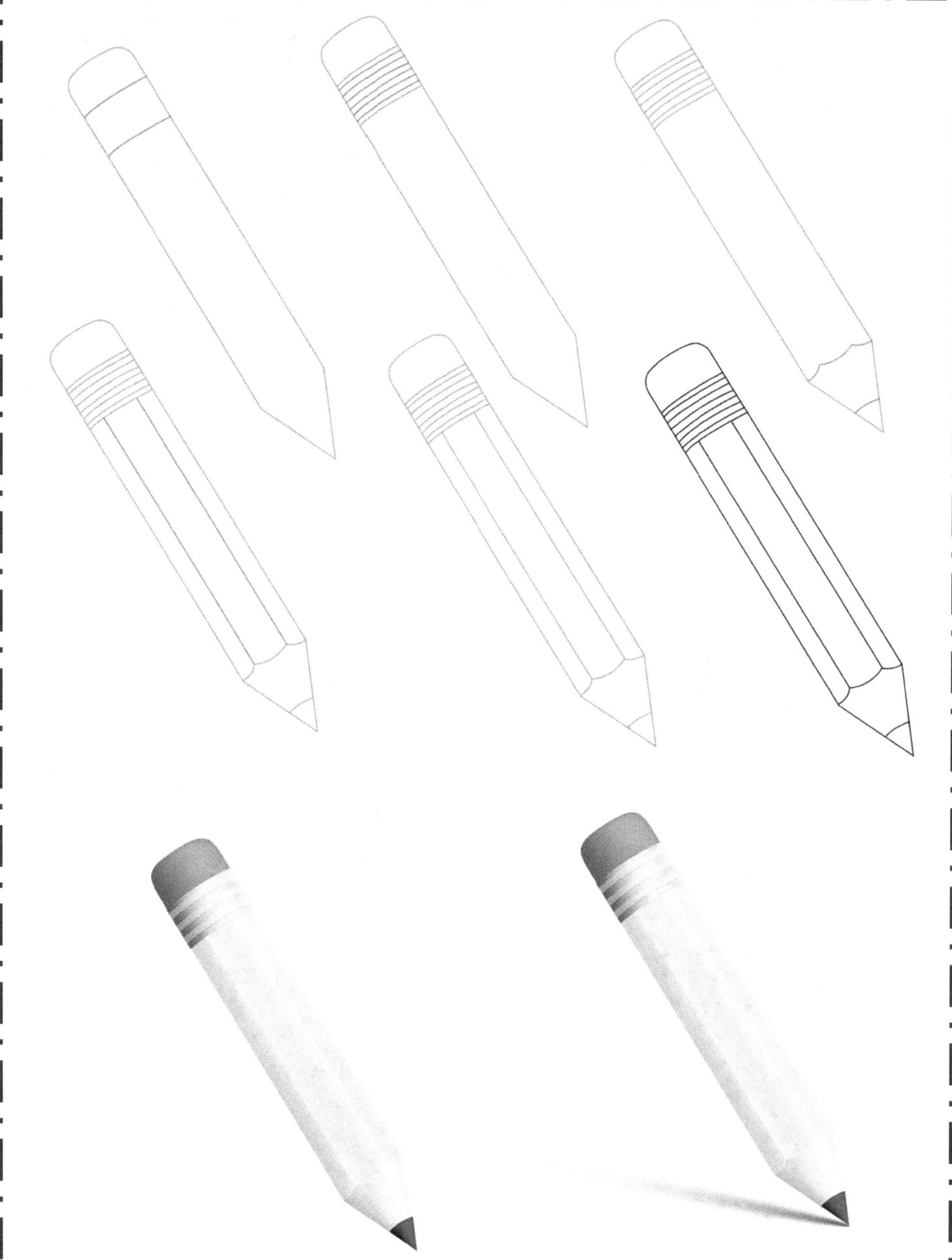

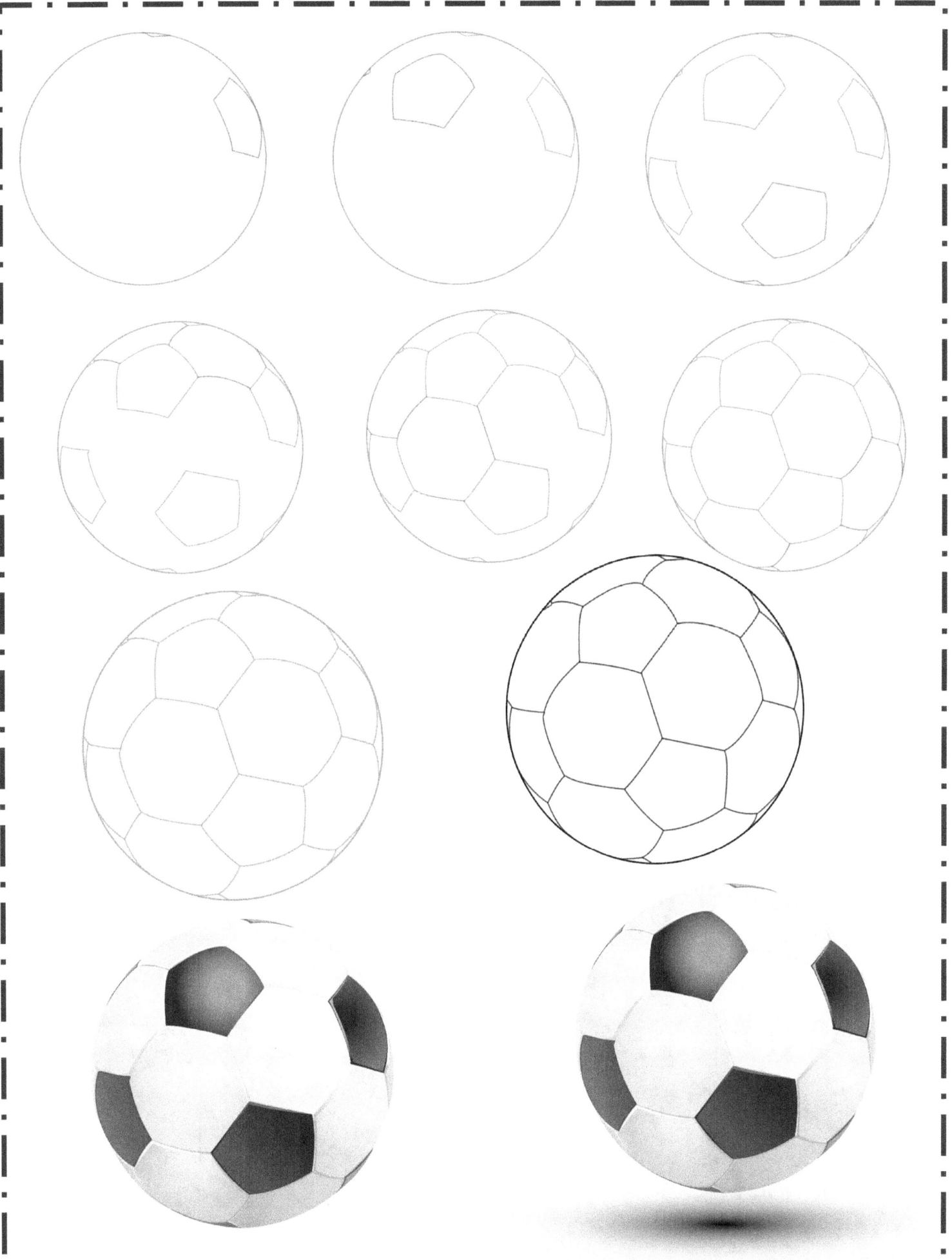

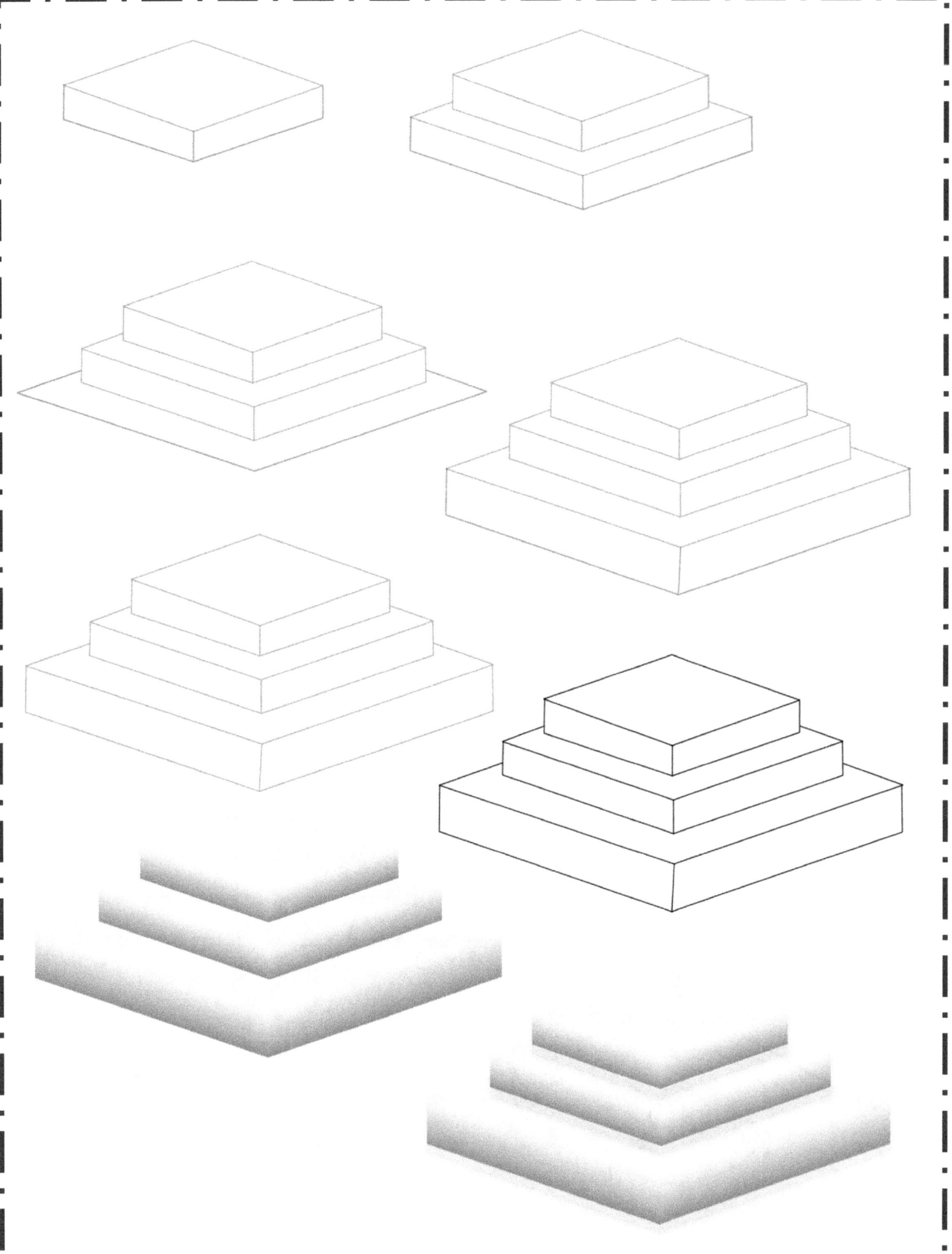

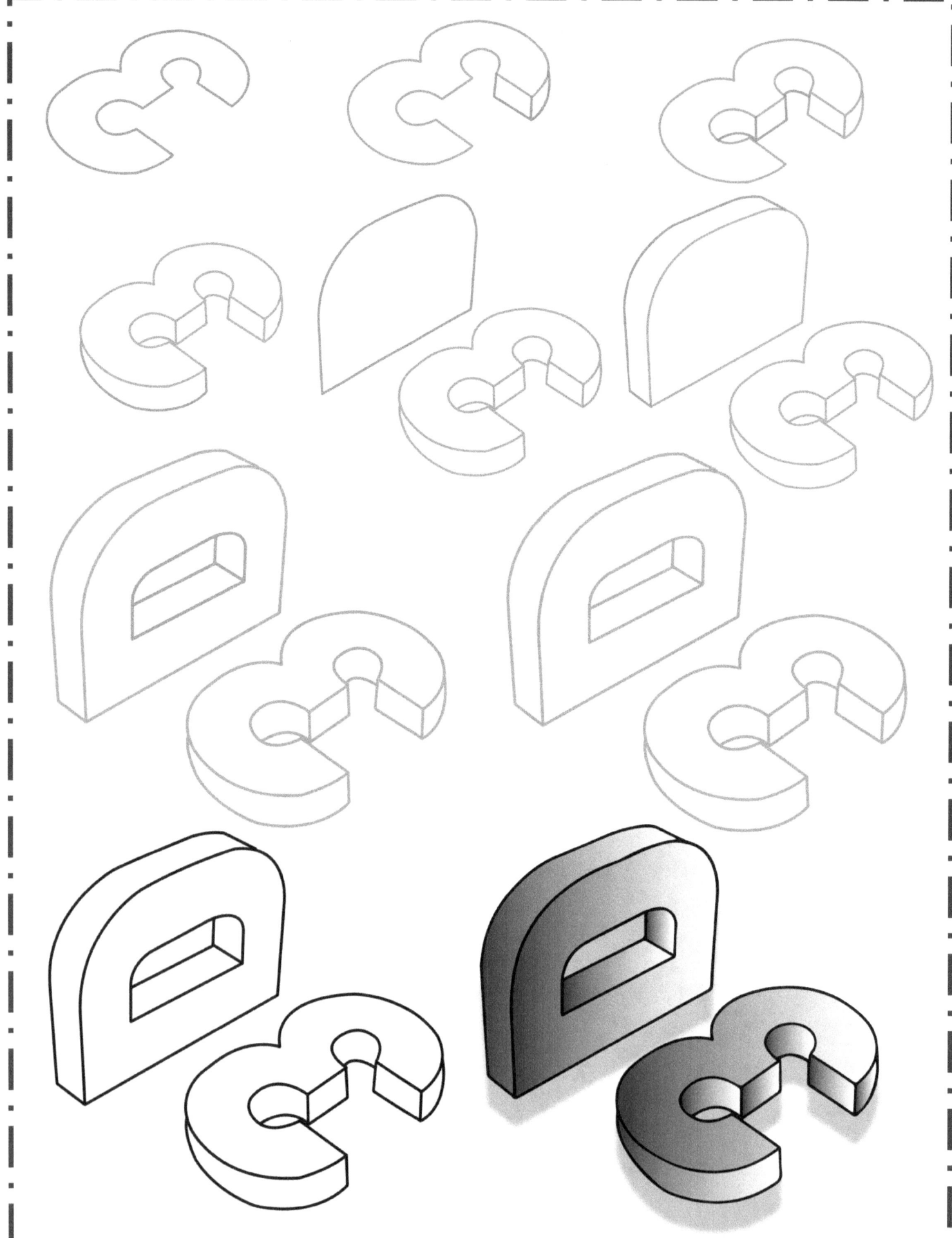

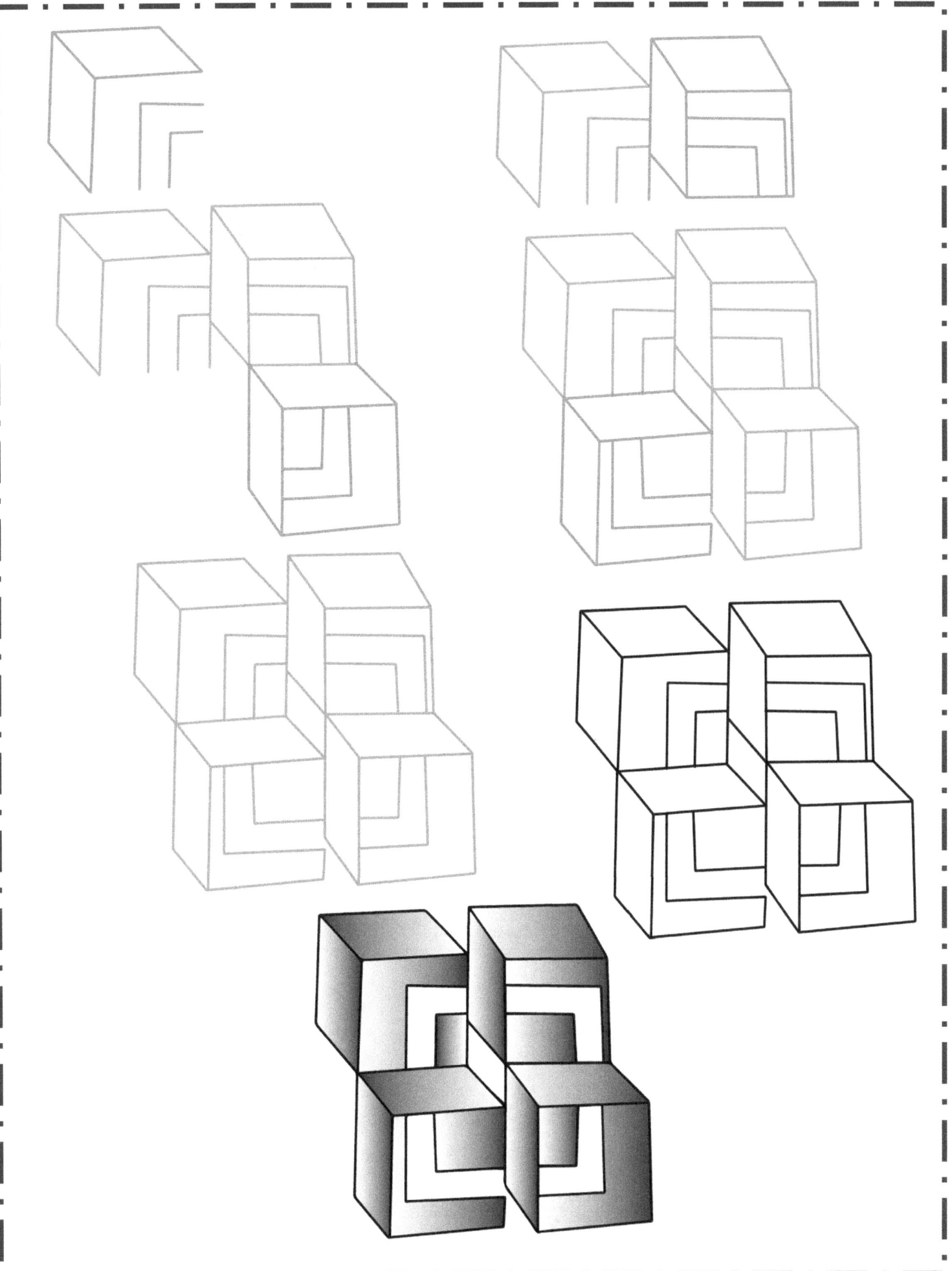

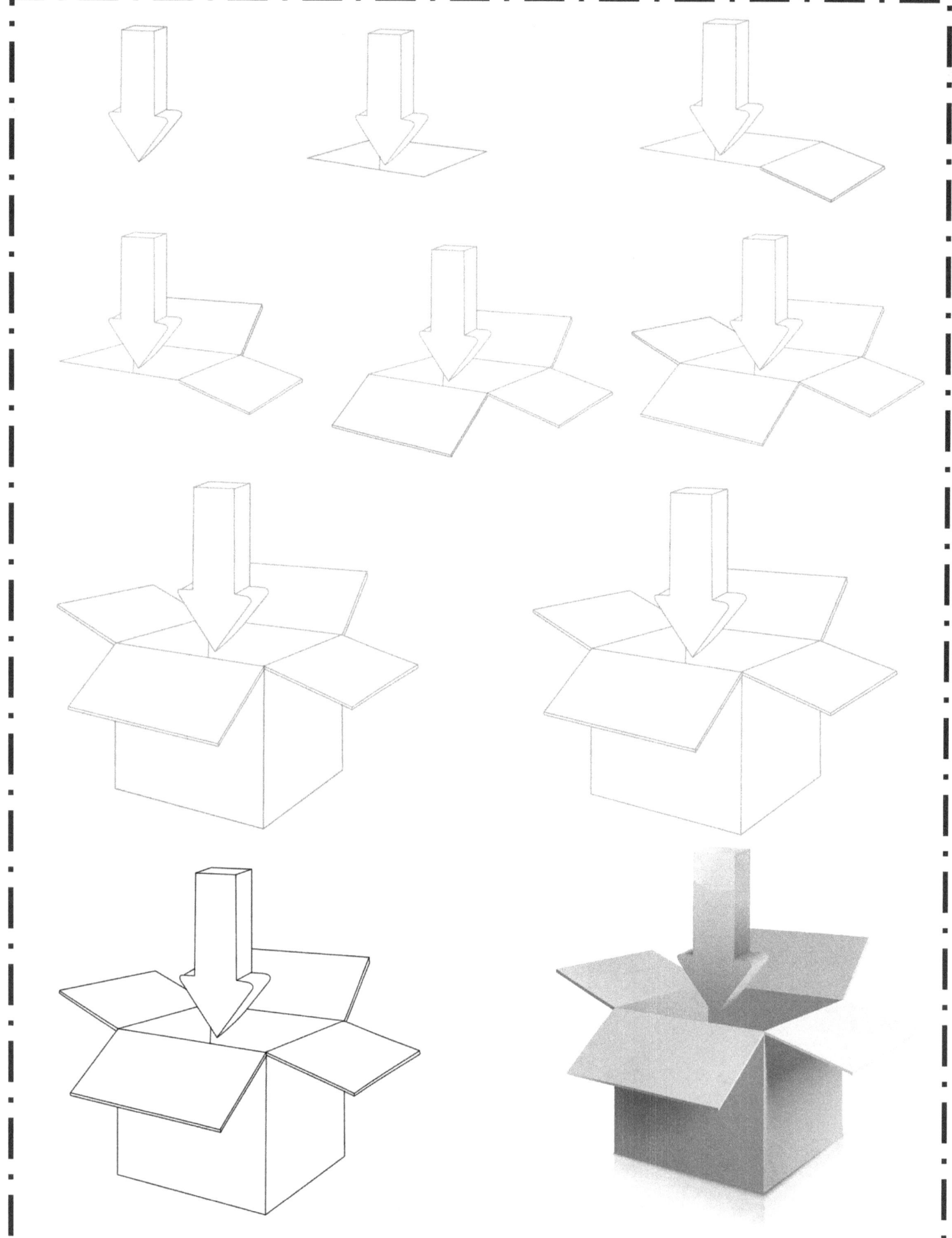

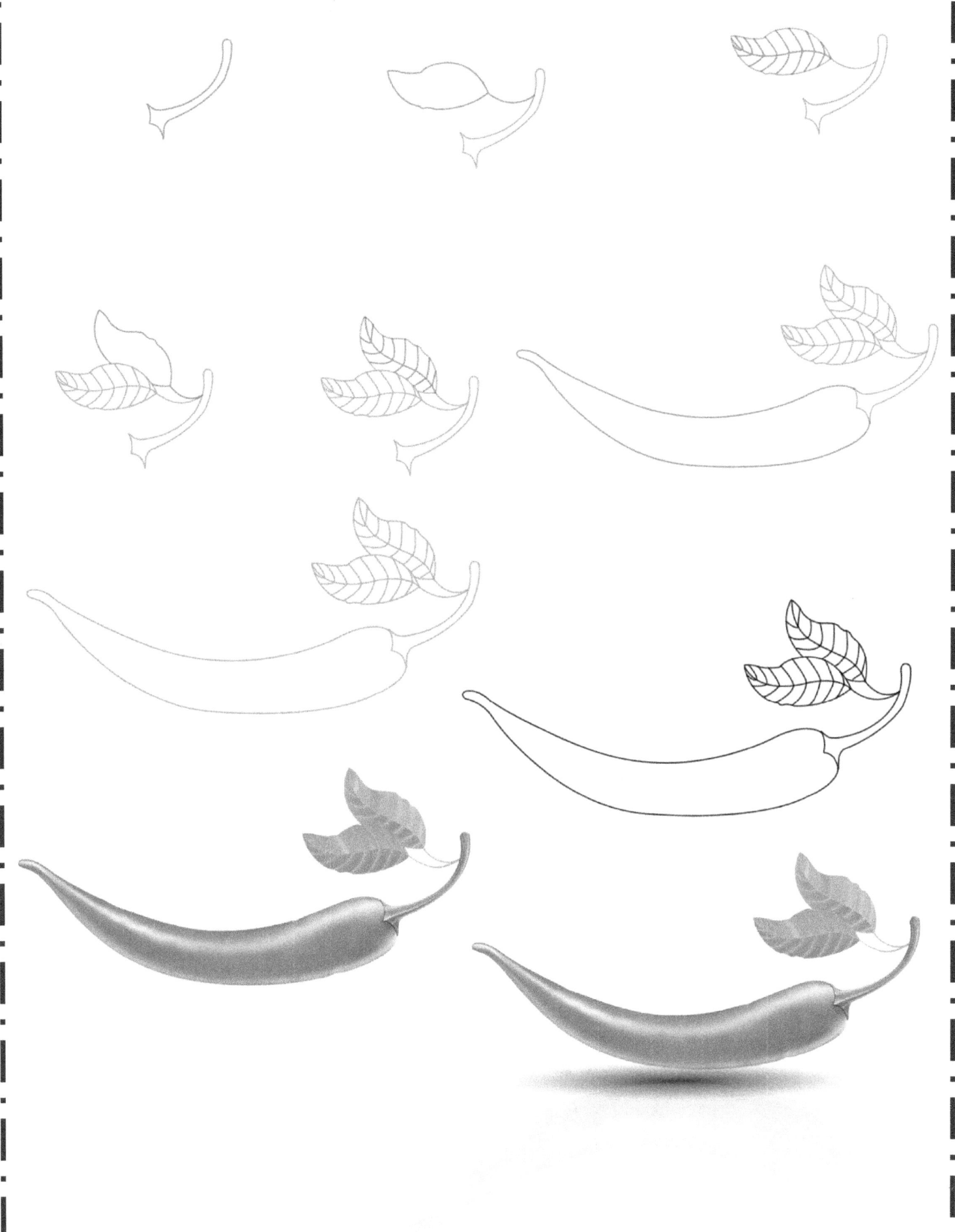

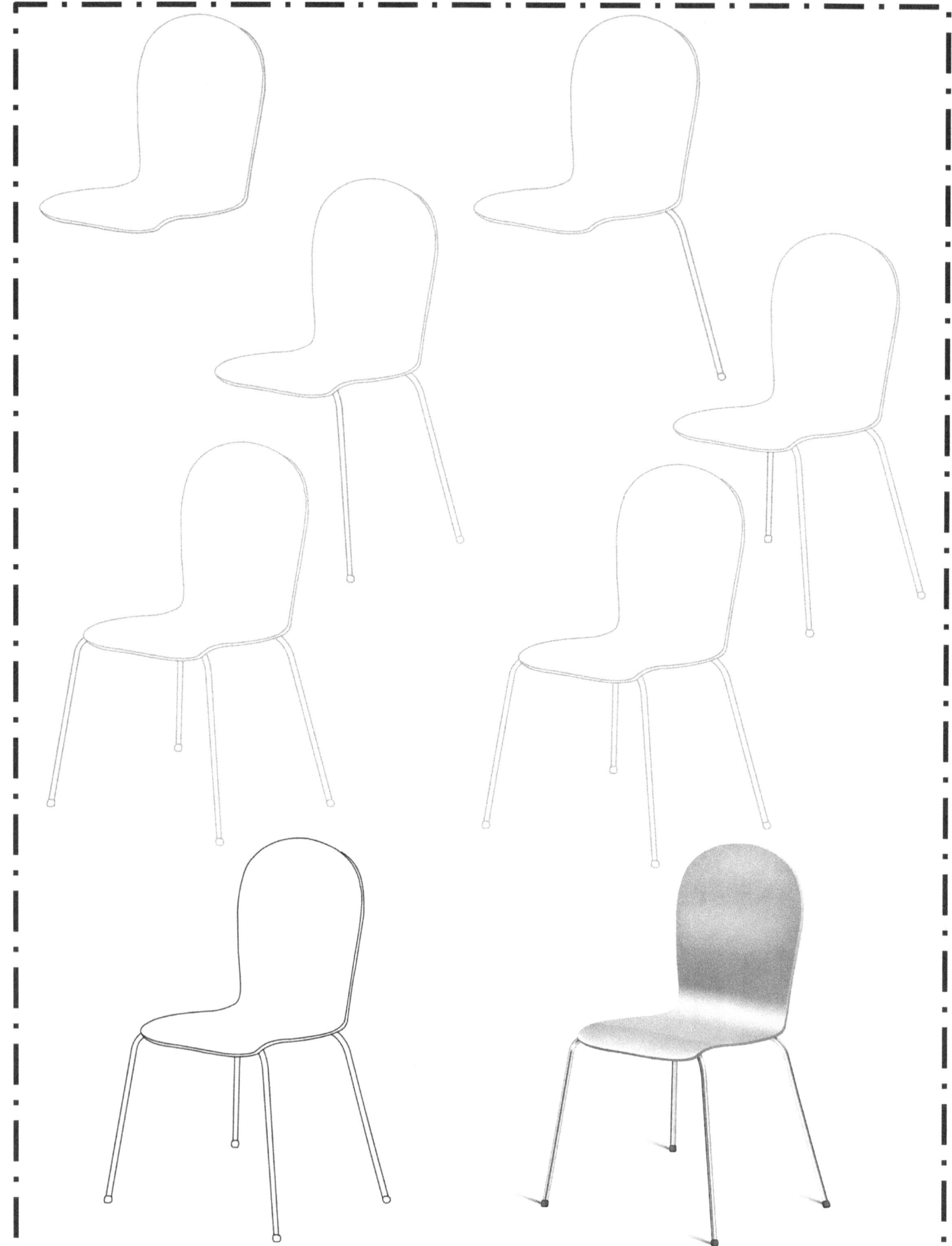

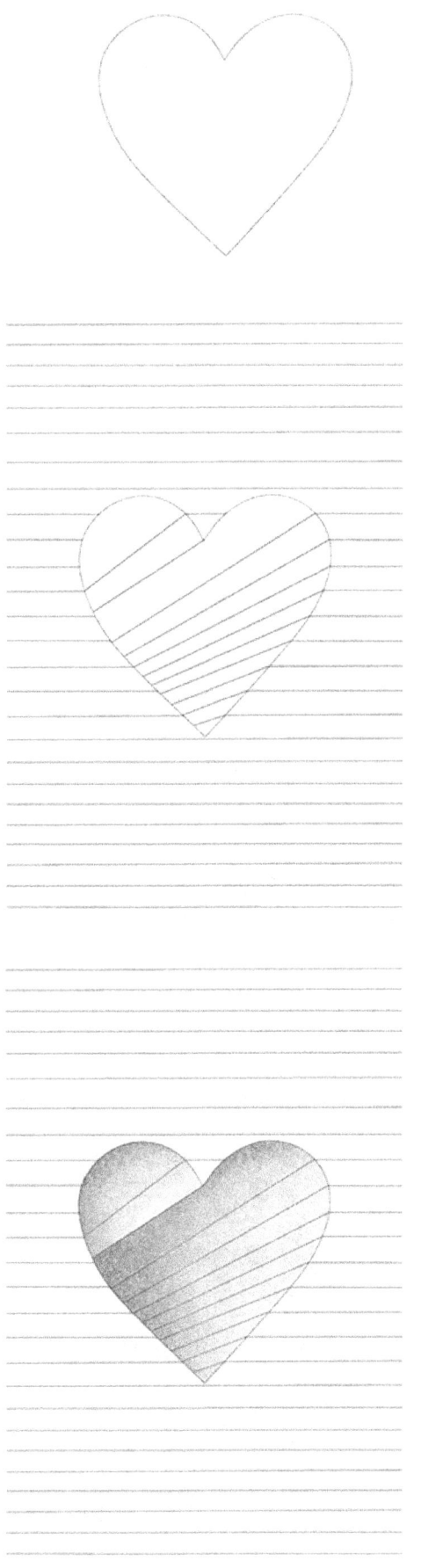

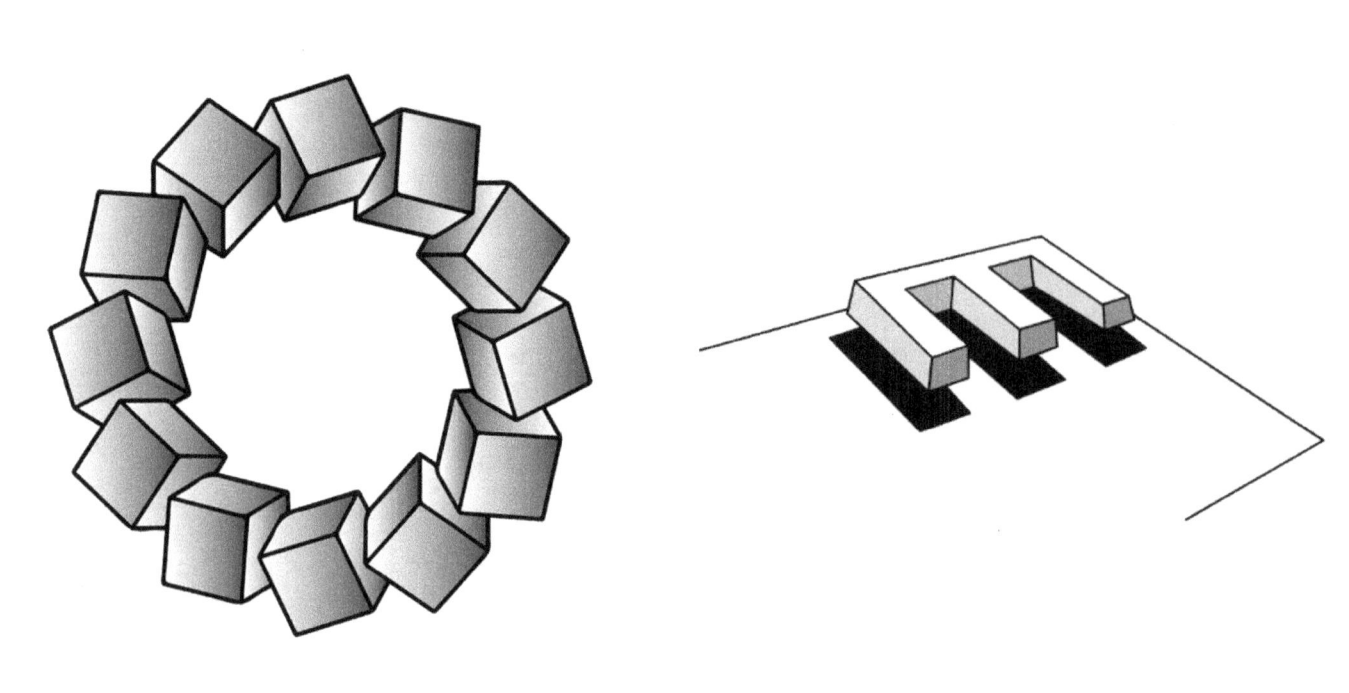

GRACIAS POR ELEGIR ESTE LIBRO. ESPERAMOS QUE HAYAS DISFRUTADO CADA PÁGINA DE ESTE LIBRO Y HAYAS APRENDIDO A DIBUJAR PASO A PASO Y CREAR TU PROPIO ARTE.

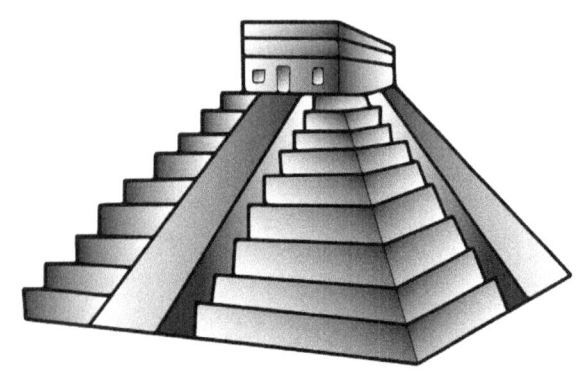

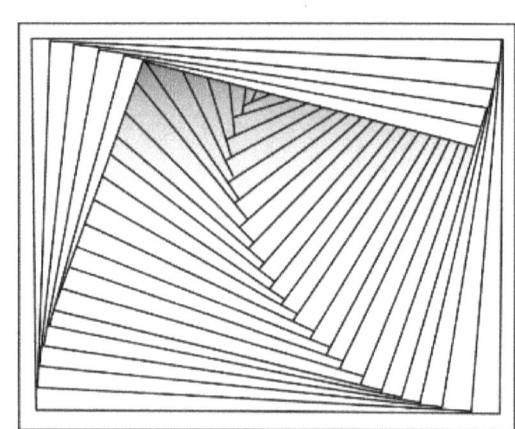